流动人口家庭像一艘漂泊的船只

核心家庭成员中有人停留在岸上守望

有人远航出海打渔

做钟摆式的流动

或许还期待着找寻到另一个

可以长期停泊的港湾

漂泊之伤

——流动人口家庭亲子关系调查研究

刘志军　徐蕾蕾◎著

知识产权出版社
全国百佳图书出版单位

图书在版编目（CIP）数据

漂泊之伤：流动人口家庭亲子关系调查研究 / 刘志军，徐蕾蕾著．—北京：知识产权出版社，2018.7

ISBN 978-7-5130-5678-6

Ⅰ.①漂… Ⅱ.①刘… ②徐… Ⅲ.①流动人口—家庭关系—亲子关系—研究—中国 Ⅳ.①D669.1

中国版本图书馆 CIP 数据核字（2018）第 158443 号

责任编辑：李学军　　**责任校对：**谷　洋

封面设计：刘　伟　　**责任印制：**刘译文

漂泊之伤

——流动人口家庭亲子关系调查研究

刘志军　徐蕾蕾　著

出版发行：	知识产权出版社有限责任公司	**网　　址：**	http://www.ipph.cn
社　　址：	北京市海淀区气象路 50 号院	**邮　　编：**	100081
责编电话：	010-82000860 转 8559	**责编邮箱：**	752606025@qq.com
发行电话：	010-82000860 转 8101/8102	**发行传真：**	010-82000893/82005070/82000270
印　　刷：	三河市国英印务有限公司	**经　　销：**	各大网上书店、新华书店及相关专业书店
开　　本：	880mm×1230mm　1/32	**印　　张：**	7.25
版　　次：	2018 年 7 月第 1 版	**印　　次：**	2018 年 7 月第 1 次印刷
字　　数：	208 千字	**定　　价：**	49.00 元

ISBN 978-7-5130-5678-6

本书相关调查研究获得

浙江大学贝因美亲子文化研究中心

教育部留学回国人员科研启动基金

全国教育科学规划课题青年专项

浙江大学学科交叉预研专项

浙江大学一流骨干基础学科建设计划

资助

特此致谢！

目　录

CONTENTS

第一章　前　言

人类社会的延续在于对生育制度的严格维护，在过去的很长时间里，人们都将家庭作为生育制度执行和维持的基本单位（古德，1982）。虽然随着社会福利制度的完善、家庭外教育机构的出现和发展以及现代婚恋观念逐步代替传统婚恋价值观，家庭固有的生育、教育、保护等职能有一定的削弱趋势，但不可否认，家庭仍然是社会这个庞大体系中最重要的基本单位。儿童早期社会化正是从家庭内部开始，这不仅是一个家庭自身的需要，更是一个社会的需要。正因为家庭在社会存续中扮演着关键角色，我们更需重视其在社会发展中的各种作用。

家庭作为一个基本的单位在社会中活动，与其他社会组织、单位产生相互作用，而家庭内部中各成员在日夜相伴的岁月中也产生着各种相互作用，长年累月的作用构成了家庭内部成员间的相互关系。这种关系包括代际关系、夫妻关系、亲子关系、同胞关系等，关系的发展和变化，不但对家庭本身有着深刻的影响，家庭中所有成员维系的长期而稳定的关系，也在极大程度上影响甚至决定着家庭目标的实现。

在我国，由于特殊的国情产生了一种特殊的家庭——流动人口家庭。与普通家庭不同，流动人口家庭更像是一艘漂泊的船只，核心家庭成员中有人停留在岸上守望，有人远航出海打渔，做钟摆式的流动，或许还期待着找寻到可以永久停泊的港湾。由于流动人口家庭的特殊性，其亲子关系对其家庭成员、对其家庭整体较普通家庭有更为特殊的影响和表现。本书探讨的主要内容就是流动人口家庭的亲子关系及与之相关的若干问题，尤其是子代所面临的成长问题。我们希望通过实地调查资料的展示和分析，对流动人口家庭亲子关系的现状和存在的问题作出梳理，并致力于找寻影响其亲子关系的重要因素，提出相应的意见建议，为我国流动人口家庭营造更好的亲子关系，为我国的和谐社会建设贡献绵薄之力。

在讨论之初，我们需要明确认识到流动人口家庭及其亲子关系具有现实性、普遍性、特殊性这三个重要的性质。首先，流动人口家庭亲子关系具有现实性，即这种家庭的亲子关系不是空谈和理想的，它根植于具体的现实环境和背景之中，与社会政策、价值观等诸多因素息息相关。其次，流动人口家庭亲子关系具有普遍性，即在我国不同地域、不同时间、不同社群之中都存在相似的亲子关系及问题，这就意味着研究该种关系有普遍意义。最后，流动人口家庭亲子关系具有特殊性，即要将流动家庭及其亲子关系问题放在特定的社会背景中考量。我国特有的城乡二元结构是流动家庭出现的根本原因，但每一个流动家庭虽然都困囿于特定的社会制度、结构之中，却也因为家庭自身的经济、社会条件不同而形成或者产生了不尽相同的亲子关系，这种特殊性以及如何通过特殊性改善现状值得我们讨论与深思。

在明确这三个特性的基础上，我们可以对于本书的研究对象作一个大致的了解与认识。

（一）流动人口家庭的产生与发展

20 世纪 80 年代以来，我国进行了一系列城乡体制改革，大幅度推进了城镇化进程。在此背景下，从农村到乡镇、从乡镇到城市、从城市到城市等多种类型劳动力转移的数量也在稳定增长，这部分流动的劳动力就成为我们所说的流动人口。

以家庭为单位，人口流动的模式可以分为以下三大类型：（1）非家庭式流动，即不与其他家庭成员一起在迁入地生活的单人流动；（2）半家庭式流动，即部分核心家庭成员一同流动，主要包括夫妻一同流动、单亲携子女流动等形式；（3）举家流动，即完整的核心家庭一同流动。这些不同的流动模式对于我国城镇化进程的推进具有重要的意义，但另一方面也对流动人口在城市的生活空间提出了更高的要求。

本书中的流动人口家庭指在核心家庭当中有一人或一人以上的成员处于流动状态的家庭。改革开放之初，数目庞大的农村青壮年劳动力背井离乡务工经商，由于经济收入、政策限制等方面的原因，其未成年子女往往难以随父母外迁，无奈被交由祖辈、亲友、邻居照看或独立生活，从而形成规模庞大的“留守儿童”。自 90 年代初以来，随着经济条件的改善，“举家迁徙”的流动家庭增多，流动儿童逐年增长、渐成规模。90 年代后期则开始出现了民工主动回流的现象，由于 2008 年全球金融危机的冲击，出现了大规模的民工被动回流现象，因此又产生了一大批返乡流动儿童。

（二）流动人口家庭的类型与规模

1. 流动人口家庭的类型

2016 年《中国流动人口发展报告》显示，2015 年，我国流动人口规模达 2.47 亿人，占总人口的 18%，相当于每六个人中有一个是流动人口。未来一二十年，我国仍处于城镇化快速发展阶段，按照《国家新型城镇化规划》的估计，2020 年我国仍有 2 亿以上的流动人口。“十三五”时期，人口继续向沿江、沿海、沿主要交通线地区聚集，超大城市和特大城市人口继续增长，中部和西部地区省内流动农民工比重明显增加。2015 年流动人口在流入地的家庭规模为 2.61 人，与 2013 年相比，流入人口家庭规模增加了 0.11 人。超过一半的家庭有 3 人及以上同城居住。从流动范围看，省内流动人口的家庭规模大于跨省流动人口。2013 年，跨省为 2.43 人，省内为 2.65 人；2015 年，跨省为 2.54 人，省内为 2.75 人。

这些流动家庭中，大部分是有未成年子女的核心家庭，这些家庭可大致划分为如下五种类型：

——父母外出流动、孩子留守的家庭；

——父母单方外出，另一方与孩子留守的家庭；

——父母带着全部孩子外出流动的家庭；

——父母带着部分孩子流动、部分孩子留守的家庭；

——父母单方带着部分孩子流动、另一方与其他孩子留守的家庭。

其中又以前四类家庭为主要形式。近二十年来尤其是2007年金融危机以来，又出现很多流动儿童返乡成为留守儿童或全家返迁的现象，引起社会的较大关注。

如果我们以儿童为中心，则可以将我国农村中有未成年子女的流动人口家庭划分为如下三种类型：

——留守儿童家庭；

——流动儿童家庭；

——返乡儿童家庭。

2. 规模估算

考虑到数据的可及性和分析的方便，学术界一般通过对留守儿童、流动儿童与返乡儿童的数量估算来反映我国农村流动人口家庭的大致规模。

（1）留守儿童。由于定义与估算方法的差异，人们得出的留守儿童数量有巨大分歧，数目从1000万、1981万、6755万、7000多万到1.3亿不等，差异悬殊。据刘志军（2008）的推算，依照双亲都不在身边的严格定义，2005年末中国农村的留守儿童约为1250万~1600万；如果依照广义的单亲外出即算留守儿童来计算，则约为2225万~2850万。据全国妇联课题组（2013）的调查，2010年在中国农村有大约6100万留守儿童；段成荣等（2017）根据2015年全国1%人口抽样调查样本数据计算得出，0~17周岁留守儿童在全国儿童中所占比例为25.39%，而农村留守儿童在全国儿童中所占比例为15%。据此推算，2015年全国留守儿童规模为6876.6万，其中农村留守儿童规模为4051万。

（2）流动儿童。据段成荣、杨舸（2008）利用2005年全国1%人口抽样调查数据所做的估计，全国14周岁及以下的农村流动儿童规模达到1403万人，据此进行简单线性推算，则全国18周岁以下的流动儿童约为 1800 万人。段成荣等（2013）根据《中国 2010 年第六次人口普查资料》推算，2000～2005 年我国 0～17 周岁流动儿童从 1982 万增加到 2533 万，增幅为 27.8%；2010 年我国 0～17 周岁流动儿童规模为 3581 万，在 2005 年基础上增加了 1048 万人，增幅为 41.37%。

（3）返乡儿童。返乡儿童的数据相对缺乏。据 2009 年全国妇联组织的抽样调查，有约 15% 即 350 万左右的流动儿童返乡。有重庆教育部门的人士估计，2009 年春回乡念书的中西部中小学生就高达数十万。如重庆城西小学就突然增加 100 多人，以致出现多达 87 名学生的班级。而江西省赣州这样一个地区，就有 12000 多名少儿面临重新入学的问题（艾新，2009）。近些年来，未见相关的数据报道，但从大量流动人口返乡创业就业的情况来看，返乡儿童的数量也应该达到千万量级。

第二章　问题的产生和发展

本章将主要从理论和现实角度来阐述本书所探讨问题的产生和发展，主要概述了以下几点内容：一是我国人口流动的特殊背景；二是在此背景下产生的新型流动人口家庭有何特殊性；三是父母中双方或一方的流动如何对亲子关系产生作用和影响。通过对以上问题的阐释，为后续的调查和研究奠定基础，也能够帮助读者更好地理解流动人口家庭亲子关系的内在作用机理。

第一节　城镇化与人口流动

每一次社会转型对于整个国家和社会都意味着变化。社会转型给社会带来的变化，发生在经济、政治、文化等各个方面，有的变化是“平地一声雷”，有的变化则是“润物细无声”，而在这无数变化中，最直观最不能让人忽视的是人口变化。改革开放是我国在20世纪以来最重要的一次社会转型，伴随着改革开放，大量劳动力从农村转移到了城市，推动了我国现代化城镇化的进程，也促进了人口从农村流动到城市的进程。

快速的城镇化进程主要由两个因素推动，一是城镇人口的自然增长，二是以个人、家庭、社群为单位的人口从农村往城镇的转移。后者对城镇化有更为显著的作用（Cooper & Yue，2008）。事实上，对于发展中的经济体而言，城乡移民是城镇化水平提高的主要来源（殷江滨、李郇，2012）。作为典型的发展中国家，自改革开放以来，中国的大规模城乡人口流动对城镇化的推进产生了巨大影响。第六次人口普查的数据就显示，2010 年我国流动人口总量达到2.61 亿，相较于第五次人口普查，这一数字增长了 81% 。接下来，我们对我国城镇化与人口流动的历史与现实作一回顾。

一、改革开放以来我国城镇化和人口流动进程

人口流动是工业化和经济增长的必然结果，经典的二元结构模型将欠发达经济区分为落后的农业部门和发达的工业部门，随着资本积累不断增多，城镇工业进一步扩张，导致农村剩余劳动力逐渐向工资更高的城镇迁移，由此促进区域城镇化的发展（Lewis，1954）。我国的城镇化与人口流动进程也和经济发展进程息息相关。从其特点来看，主要分为以下两个阶段：

1. 改革开放到 20 世纪 90 年代中期

改革开放以后，我国实行“一个中心，两个基本点”的基本国策，市场经济蓬勃发展，城镇化进程显著加快。在这一阶段，我国乡镇中小企业以及农村工业化进程发展迅速，表现为人口流动的模式主要是短距离迁移，也就是通常意义上“离土不离乡”的就地转移模式。此时我国的城镇化模式正是以小城镇为中心的“自下而上”的农村城镇化模式。这一阶段中，我国通过大力发展以乡镇企业为主体、以小城镇为依托的农村商品经济，农村人口有机会进厂进镇，在本地域内（县以下乡镇）的非农产业就业，实现就地转移。这种流动形式吸收了大量的农村剩余劳动力，增加了农民收入，同时也避免了因农村人口大量涌向城市产生的“城市病”。

改革开放以后出现的第一批进入城市工作生活的农民，被赋予了新的称呼“流动人口”“临时移民”（Hout & Goldstein，1994），或者被称为“非法移民”（Wilson，1994），“循环移民”（Woon，1993）。从此之后，农村流动人口开始成为中国人口流动最主要的部分。20 世纪 80 年代时就出现了第一次民工潮，进入城市的农村流动人口或者说“农民工”总量达到了 5000 万（朱力，2002）。

而在20世纪80年代中后期，我国经济体制改革的重点逐步转移到了城市。通过国营企业体制改革等一系列改革，城市的经济活力不断提高，对农村剩余劳动力的吸纳能力得到增强。与此同时，乡镇企业经历了资本的快速积累过程。由于进入门槛低以及社区政府的推动，乡镇企业向工业部门的过度进入和不断升级的投资，使乡镇企业的资本劳动比率不断提高。资本密集度的提高导致乡镇企业对农村剩余劳动力的吸纳能力下降，由此导致农村人口向城市的长距离迁移开始增多，“民工潮”现象开始出现。

2. 20世纪90年代中期至今

20世界90年代中期以后，我国开放程度加深，逐渐融入了全球化浪潮。第一批开放的城市多为沿海城市，这些城市具有内陆地区没有的区位优势，因此在开放程度和经济发展上我国产生了东西部差异。Xu & Watada（2008）对中国城镇化的研究指出，中国的城镇化发展有特殊之处，在不同的城市和地区之间发展有差异，东部要优于西部以及中部地区。Li（2010）等对城镇化以及人口流动做了国际比较，对中国的城镇化水平达到一定程度时的城乡关系作了预测，认为中国城镇化的趋势是人口向东部发达地区转移；农村工业化引导的城镇化会在省级地区上发展。这种差异的产生使我国人口逐渐进入长距离迁移模式，主要以内陆到沿海、欠发达地区到发达地区为主，形式上则是通过“离土又离乡”的异地流动实现的。这一时期的城镇化进程，也可以表现为沿海地区城镇化的急速发展，逐渐出现大城市。

在此人口流动的格局下，大城市逐渐主导了我国城市化进程。有数据表明，从1998年到2008年，我国200万以上人口城市数量增长了1倍以上，而100万到200万人的城市以及50万到100万城市数量则分别增长了30% ~40% （王小鲁，2010）。这一时期，农民开始自发地进入城市。大规模的农村人口开始跨区域流动，其数量多，时间和方向集中，这种大规模的异地流动被称为“民工潮”。外来人口的大量涌入丰富了城市的劳动力市场，缓解了大城市劳动力结构性不足的矛盾，减轻了城市劳动力的抚养压力。2010 年第六次全国人口普查结果显示，我国流动人口规模达到 2.21 亿人。2016 年《中国流动人口发展报告》显示，2015 年，我国流动人口规模达 2.47 亿人，占总人口的 18%。

二、中国特色的农民工问题

大量涌入城市的农民有了新的身份，即农民工。农民工对于我国经济建设有着不可磨灭的贡献，而作为农村人口流入城市也极大地促进了城镇化水平的提高。但具有中国特色的是，由于户籍制度，特别是附加在户籍制度上的城乡居民福利差别的限制，大部分在城镇居住半年以上被称为城市常住人口的农民工，仅仅是实现了职业上的转换，并没有获得真正的城市居民身份，不能享受相应的社会保障和公共服务，其社会福利仍维持在原有的农村水平，生活方式和消费观念等也未发生大的转变，并未成为真正意义上的市民。由此也产生了一系列问题。

农民工问题是综合性社会问题，这一特殊人群在社会保险、医疗服务、保障性住房等方面都无法获得与城市居民同等的待遇。而这一系列不平等中最引人关注的一点就是农民工子女教育问题，由于户籍限制，流动人口子女在城市就学的准入门槛极高。在这一背景下，其父母必须作出相关决策，是携子女一同流动抑或是将子女留在老家？由这一家庭决策产生本书探讨的几个对象：流动儿童、留守儿童以及返乡儿童。

第二节　人口流动造就新的家庭模式

家庭作为社会的基本单位之一，城镇化与人口流动无疑会对家庭产生重要而深远的影响。个体作为家庭的一员，其流动的这一行为不仅是自身的决定更是家庭的决策，因此将对家庭产生作用。从家庭决策角度来看，人口流动模式主要有举家流动与非举家流动两大类型，这两种不同的流动模式造就的家庭模式也不尽相同。

一、非举家流动下的居住分离

由于流入地结构性和制度性因素的制约，许多家庭成员不能一起流动，拉大了家庭成员之间的空间距离；特别是在流动初期，全部家庭成员同住的可能性很小；即便是核心家庭成员，也被分割数地。家庭规模变小，家庭模式多样化，产生形式多样的流动家庭、留守家庭（包括隔代家庭）。

这种非举家流动的行为受到制度的制约。户籍制度下的城乡二元结构使城乡差距拉大。而城乡户籍的差异也带来资源上的不平等。流动人口与家庭成员的分离居住，主要是因流入地各方面准入门槛（如子女教育、住房保障）较高、生活成本很高所致——因为多方面因素的制约，流动人口不得不将部分家庭成员留在流出地，难以实现在流入地的家庭团聚。

但不能否认的是，这种决策也是家庭理性决策的结果。其主要原因在于家庭的劳动分工模式，主要目的在于使家庭经济利益最大化——一部分家庭成员在流入地赚钱，而一部分人留在老家，可以获得老家的福利，追求更好的生存和发展机会。同时，农民工是否携带子女在很大程度上还取决于孩子的年龄和父母的可及性（杨菊华，2015）。

非举家流动模式下出现的居住分离，相应形成留守家庭。留守家庭可能具有的家庭成员包括留守妇女、留守儿童、留守老人等。由于居住分离让家庭成员在时空上不能团聚，使原本完整的家庭结构遭到暂时性甚至更长时间上的破坏，从而致使家庭原有的功能受损，导致各类问题的产生。

二、举家流动模式下的流动家庭

举家流动模式又称为完整家庭式流动，核心家庭成员不是以个体或部分家庭成员，而是以完整家庭的形式离开流出地，进入流入地，至少有两个核心家庭成员（如尚无子女的夫妻）共同在流入地生活或工作（杨菊华、陈传波，2013）。

在户籍制度不断放开、城市政策不断改革的今天，举家流动模式已经成为流动人口的一个新的特征。人口流动的家庭化过程大致有四个阶段：第一阶段，单个个人外出流动阶段。流动人口利用农闲季节外出务工，以短距离流动为主，大多数青壮年流动人口单身外出，农忙季节依然回家，没有脱离家庭生活。第二阶段，夫妻共同流动阶段。随着流动范围扩大，跨省跨区域流动成为主体，流动人口基本脱离农业生产，不少家庭夫妻双方均外出务工经商，子女留给家里的祖父母或其他亲属照顾。第三阶段，核心家庭化阶段。青壮年流动人口在外地站稳脚跟，并且在经济条件许可的情况下，安排子女随迁，在流入地生活、就学。第四阶段，扩展家庭化阶段。核心家庭在流入地稳定下来之后，青壮年流动人口进一步将父母列入随迁的考虑范围（段成荣等，2013b）。

2004 年我国农村举家外迁劳动力为 2470 万人（吕学静、陈蕊，2007）。对比 1990 年和 2000 年两次人口普查结果后发现，户主与配偶均为流动人口的比例从 1990 的 7.44% 上升到 2000 年的 46.06%（于学军，2005）。基于北京市流动人口的调查也发现 71.9% 的家庭户全部核心家庭成员都已入京（侯佳伟，2009）。到 2010 年第六次全国人口普查期间，众多的流动人口已经脱离了单枪匹马闯天下的状态，进入了携妻带子、携老扶幼共同流动的状态。很多流动人口家庭成员已经包括了两代人或三代人，根据第六次全国人口普查数据计算，两代户、三代户家庭户分别占所有流动人口家庭户的 38.52% 和 5.04%。一代户中大部分流动人口也是同配偶或兄弟姐妹等一起流动，独自一人流动的只占家庭户的 26.76%。流动人口家庭化特征十分明显（段成荣等，2013b）。

举家流动的模式使原本不完整的家庭结构得以留存，满足了家庭成员在经济上、情感上多方面的需求，事实上使家庭功能重上正轨。同时也能够促进流动人口家庭成员的城市融合，从心理上接受城市，建立城市归属感，从而促进城市化水平的提高。但举家流动的模式也伴随着流动中家庭的融入问题，涉及流动儿童的教育问题、身份认同等。

三、影响子女随迁决策的影响因素

无论何种流动模式，都是源于流动人口对于子女随迁与否作出的决策的直接后果。也正是对于这个问题的不同决策才产生了流动儿童、留守儿童等多种不同类型的儿童。下文将对子女随迁这一决策的影响因素作出简要回顾和分析，以了解是什么促成家庭作出这样的决策，以便对后文亲子关系的分析有更深的认识和理解。

首先，根据家庭收入多样化需求、相对剥夺理论、二元劳动力市场理论、社会资本理论，人口迁移具有负选择性（杨舸等，2011）。对于流动人口子女是否随迁而言，和流动人口迁移也有相似性，他们都会受到家庭条件等方面的影响，也符合经典的人口迁移“推拉理论”，即受到迁出地和迁入地的共同作用。因此，研究影响流动人口子女随迁的因素时应该同时考虑到流入地与流出地的影响（吕利丹等，2013）。

同时，流动人口子女随迁这一决策显然还受到家庭本身以及父母在城市生活状态的作用和影响。比如在城市已经有一定经济基础的流动人口更大程度上可能携带子女一同在城市生活，反之则倾向于让子女留守。王艳波、吴新林（2003）针对留守儿童被留守的原因所做的调查发现，有63.7%的家庭是因为家庭经济压力重，13.8%是因为需要增加收入，10.9%是因为其他原因。许传新、张登国（2010）的研究发现，农民工自身的经济资本、文化资本、社会资本以及在城市的适应状况对子女的教育选择有显著性影响。农民工子女的流动与否在很大程度上还受制于自己的年龄、农村社会支持、迁移距离和父（母）亲在城市生存状态（梁宏、任焰，2010）。

除此之外，流动人口子女随迁选择性的部分原因是为子女的就学和健康发展考虑。首先，由于户籍限制，流动人口子女在城市生活学习有很大的制度限制，尤其是在就学问题上，农民工子女的教育边缘化问题十分严重。吴霓等（2010）认为，农民工随迁子女教育有五大趋势，其中之一就是农民工随迁子女入学规模日趋庞大，流动人口子女存在着巨大的教育需求。朱晓斌（2003）认为，户籍制度是农民工子女入学难的最大障碍。除此之外，农民工子女在城市适应的问题也值得考量，例如王丹阳（2008）的实证研究发现，农民工子女在自己的成绩上并不自信，在人际交往方面，与当地学生亲密关系较少。谢建社等（2011）通过对珠三角城镇流动人口的调查发现，流动农民工随迁子女存在入学年龄大、就读民办学校比例高、转学率高、失学率高、犯罪率高和学习成绩低、升学率低、城镇认同感低等现象。因此杨娜（2010）、石宏伟、孙静（2015）等都提出要改革与户籍制度紧密相关的社保福利制度，实现以制度公平为基础的教育公平，解决农民工随迁子女义务教育问题。正因为流动人口子女受到制度障碍影响，很难在城市生活中融合，因此也导致了家庭中父母作决策时很难下定决心带子女流动。

第三节　新模式下的家庭亲子关系

人口大量流动是我国在改革开放以来的最基本社会事实。基于我国的国情，在今后相当长的一段时间内，受制于户口制度、教育制度、社会福利制度等城乡二元分割式制度的非完全自由式人口流动还将持续存在，并将深刻地影响到这些家庭的亲子关系与亲子文化。亲子关系是发展心理学的一个重要领域，从生态系统理论来看，亲子关系是一个重要的近体过程，对儿童发展产生着重要影响。对于留守儿童家庭和流动儿童家庭而言，不同的家庭环境，对儿童造成了不同的影响。

一、留守儿童的家庭亲子关系

近年来，社会对于留守儿童的关注度一直在提升，相关的报道也从未间断。2015 年，邵阳市邵东县一位小学女老师在学校宿舍楼被害身亡，犯罪嫌疑人是留守儿童。同年还有媒体报道称，留守儿童犯罪率一度占未成年人犯罪的 70%，且有逐年上升的趋势。2016 年一媒体报道，2013 ~ 2015 年间广东有“超 2500 名女童被性侵”。留守儿童的安全、心理、教育问题一直是未成年人保护的重点问题，究其根本，解决留守儿童问题的关键就是让其监护人履行义务。

但留守儿童与其父母的关系并不是如此简单。2016 年 2 月，四川一留守儿童在春节后与母亲分离时于车站号啕大哭，被多家媒体报道。还有媒体称留守儿童为“父母双全的孤儿”。在诸多报道里，我们看到的留守儿童的形象都是哭泣的，期盼的，甚至是仇恨的。我们看到过在离别父母时依依不舍的孩子，也看到过离别子女时不能自已的父母，每个场景都触动人心，让人体会到这世上最为真挚的情感。也正是因为这种情感，我们才应当更加理性地思考，这种情感下维系的亲子关系是否经得起时空的阻隔，要怎样维护亲子关系才能维护好这份沉甸甸的情感。

我们必须看到，对于留守儿童家庭来说，孩子常年和父母分开生活，双方交流沟通的时间也相对较短，父母由于工作比较辛苦，一般也只关心孩子的学习和基本生活情况，无法给予孩子更多情感上的支持，父母和孩子之间很少相互倾诉心事。对一些事情如果存在分歧，处理起来也比较简单粗暴，不能有效沟通，在一定程度上造成了亲子关系的疏离。因此在讨论留守儿童家庭亲子关系时，必须注意到父母与孩子时空分离这一特征，并由此提出相关的意见和建议。

二、流动儿童的家庭亲子关系

城市流动儿童虽然在名义上有父母的陪伴和照顾，但是每逢周末、节假日，尤其是漫长的寒暑假，忙于生计和工作的父母，根本无暇顾及他们，而只能任由他们到处闲逛、流浪，成了事实上的“周期性流浪儿童”。另一方面，由于不能真正融入城市，流动儿童可能遭受一定的社会歧视和社会排斥，在一定程度上其处境甚至不如农村留守儿童。

流动儿童问题也是社会热点问题之一，2015 年某性侵儿童犯罪案件中受害人多为流动儿童。而同年某省在盘点儿童拐骗案件中也发现流动儿童成为高危人群，流动儿童由于缺少父母管教还可能具有更高的犯罪率。这种种问题中我们还是不能忽视家庭在其中的重要作用，流动儿童家庭亲子关系对流动儿童的影响和作用无疑是巨大的。

在现实情况中，流动儿童固然有父母在身边，但由于制度、经济、社会等诸多因素的限制，流动儿童与一般城市同龄人获得的家庭资源是不平等的。这常常导致其更加敏感，而这也导致流动儿童家庭亲子关系与一般家庭是不同的，更需要关注。

第三章　研究设计

本书所用材料，主要来自我们2010年暑假在全国19个省、市、自治区所做的实地调查。另有部分取自2006年在江西省赣州市所做的调查①。还有部分访谈个案取自2015年暑假在湖南省武冈市所做的返乡农民工调查以及2017年暑假期间在全国多个城市开展的流动人口调查项目。下文的研究设计部分，将仅介绍2010年调查的情况。

第一节　调研设计与实施

2010年的调查以流动人口家庭的亲子双方为调查对象，主要包括以下两个方面的研究内容：一是通过抽样调查，了解当代中国流动人口家庭的亲子关系现状、主要特点与存在问题。二是通过参与式研究，了解各相关社会群体的主位看法与主张，再结合调查结果与课题组成员的客位思考，归纳提出在流动人口家庭中营造良好亲子文化的具体方法与建设机制，为改善流动人口家庭的亲子关系提供参考建议。

课题的具体实施进程如下：

① 这部分内容已发表，参见：刘志军．（2008b）．留守儿童：基于一个村落的人类学研究．中南民族大学学报（人文社会科学版），(03)：51－56.

表1 实施进程表

时间	事件
2010年4月	组建课题组。
2010年5月	召开了几次课题组会议，讨论了调查思路、方法与具体安排，搜集相关文献并作了整理，同时对课题组成员进行了人类学专业知识与调查知识的培训。
2010年6月	设计亲代调查问卷、子代调查问卷、亲子关系诊断测验量表，经过反复讨论，最后于7月初形成定稿。
2010年7—8月	课题组成员分赴各地开展调查、访谈或影视拍摄工作。共有26位同学分赴全国19个省份对留守儿童家庭、流动儿童家庭及返乡流动儿童家庭进行了问卷调查和深入访谈，了解报道人对亲子关系现状的描述、评价、问题归纳与未来期望等相关内容。 另有一个5人影视小组赴浙江青田和江西萍乡进行了影视拍摄。
2010年9—12月	各成员分头整理调查个案、撰写调查报告，问卷分析小组开始收集、检验并录入问卷。影视组成员则进行影视片的后期制作。

最后，暑期调查共回收了调查问卷1690份。完成访谈个案88份，总计约15万字。调查分报告17份，总计约52000字。另有调查照片200多张，影音资料200多G。

第二节 调研地点选择

本次调查共涉及内蒙古、黑龙江、吉林、河北、河南、山西、山东、江苏、浙江、湖北、广东、广西、贵州、重庆、四川、陕西、宁夏、西藏、新疆等19个省、市、自治区。各调查点的大致情况分述如下。

内蒙古呼伦贝尔市新右旗地区（简称新右旗）是内蒙古自治区19个边境旗（市）和23个牧业旗之一，位于我国东北中俄蒙三国交界处。全旗总面积25194平方公里，人口近4万，其中牧业人口1.5万人，蒙古族人口占全旗总人口的79.8%，是一个以蒙古族为主体，汉、达斡尔、鄂温克、鄂伦春、回、满等11个民族聚居的边疆少数民族地区。全旗现有中小学6所，其中蒙语授课小学2所，汉语授课小学1所，蒙语、汉语授课初中分别1所，职业高中1所。由于教学质量相对弱一些，同时新右旗的行政中心——阿镇上除了一所职业高中外没有其他普通高中，所以有一部分家长选择将自己的孩子送到外地上学。这些地点包括海拉尔区、通辽市、兴安盟和呼和浩特市以及一些其他盟市的旗县。其中有些孩子早在小学的时候就离开家上学，而有些是选择在中学的时候到外地上学。本次调查的对象主要是孩子长期在外上学的家庭，其中包括只身一人离开家在外上学或父母中的一人在外陪读的家庭，也有少数（6到7名）将孩子留在老家自己到新右旗务工的农民工，他们主要来自吉林省。

黑龙江鹤北林业局位于鹤岗市萝北县境内，位于小兴安岭南麓。1972年建局，施业区总面积38.2万公顷，林业总人口21300余人。经济来源主要为木材行业，由于木材采伐受到季节限制，所以当地部分居民选择季节性的外出务工，为短期流动人口情况。

吉林省的调查围绕着通化市二道江区以通化钢铁集团有限公司为纽带的区域流动人口家庭展开。通化是吉林省东南部和东北东部最大的区域中心城市，吉林省第三大城市，是中国医药城，中国葡萄酒城，中国钢铁城，素有“人参之乡”“中国中药之乡”“优质大米之乡”“葡萄酒之乡”“滑雪之乡”和“中国松花砚之乡”“六乡”之美誉。二道江区坐落在长白山脚下、浑江中游，下辖3镇1乡2个街道办事处，人口13.83万人。通化钢铁集团股份有限公司是吉林省最大的钢铁联合企业集团，国务院振兴东北老工业基地重点支持的钢铁企业。这里有很多来自四面八方的家庭扎根生存；还有些家庭由于在通钢找不到工作，家长外出打工，儿女留守家中；还有一些家庭儿女外出求学。

河北省邯郸市位于河北省南端，以京广铁路为界，西部为中、低山丘陵地貌，东部为华北平原，农村居民人均年收入 6036 元，生活消费支出 2382 元。农村经济以农业和牧业为主。人口流动范围小，多为本市辖区之间流动，且与年龄相关明显，18 岁以上的未婚青年流动人口数量大，范围大。已婚人口流动少，范围小。近期流动人口有明显的增多趋势。此次调查主要是通过电话、短信、拜访等方式向邯郸市辖区内的各个同学、朋友、亲属等进行问询，初步确定调查地点，再在调查过程中选取符合条件的人口家庭作为调查对象。

河南省是全国人口最多的省份，也是劳务输出，流动人口最多的省份之一。课题组在登封、开封和信阳等地进行了实地调查，先后走访了农村、火车站、工厂、小商户、社区、学校等多个地点。开封位于黄河中下游平原东部，地处河南省中东部，总人口 520 万人，其中农村人口 420 万人，农村劳动力 246 万人，人均耕地不足 1.5 亩，富余劳动力 137 万人，劳动力资源丰富。2009 年开封市常年在外务工人员达 81.5 万人，劳务收入达 83 亿元，劳务收入占农民收入的 50% 以上。登封市位于河南省中西部，中岳嵩山南麓。总人口 64 万人，以煤炭、铝加工、电力为主导行业。旅游资源得天独厚，现有国家级重点文物保护单位达 16 处，居全国之首，是著名的“文物之乡”。禅武文化独具特色，少林武术规模发展，全市有武术院校 62 家，在校习武的海内外学子达 5 万人之多，成为名副其实的“武术之乡”。信阳位于河南省南部，地势南高北低，是岗川相间、形态多样的阶梯地貌。由于长期落后，经济实力不强，在全国来说本地收入平均偏低，外出务工收入是收入尤其是农村地区收入的重要组成部分。近年来，随着农村的伸展，越来越多的农村青壮年劳动力流向城市，而孩子则多因在外地生活学习等各方面的不方便而留守家中，农村地区的留守儿童因此日渐增多。本次主要调查了该市平桥区长台关乡长台村、余寨村、冯楼村的留守儿童。

山西古交市位于太原市西北部，是全国最大的焦煤生产基地，总人口21万。地形复杂，峰峦叠嶂，沟谷纵横，矿产丰富，依矿而立，缘矿而兴。它紧挨繁华的都市又背靠广阔的农村，属于典型的城乡接合部，人口存在高流动性，在太原市周边的城乡接合部中十分具有代表性。山西省为外来流动人口聚居地。作为世界闻名的煤矿大省，山西为许多低学历农民工提供了广阔的就业机会，所以周边省市河南、河北，甚至四川、云南都有大量的青壮年只身或结伴而来，有的就是拖家带口，全家一起移居。山西省省际人口流出显示出“不远行”的特点，主要目的地依次是北京、内蒙古、河北、河南和陕西。省内11个市之间的人口流向同样显现出比较明显的“就近现象”。随着经济的发展，近几年来太原市创业发展的流动人口越来越多，呈现逐年增多的趋势。其中，古交市以煤矿产业最为引人瞩目，特别是吸引了越来越多的外来流动人口。但2010年以来，由于国家整改，山西很多煤矿都被关闭，致使大量煤矿工人下岗失业，有些已返乡或是搬迁他省，另谋出路。

山东的调查主要在聊城和昌邑展开。聊城辖9个县（市、区），140个乡（镇、街道办事处），6486个行政村（居委会）。总人口621万（2007年），所辖乡镇地区中青年外出打工现象普遍，近几年有持续增长的趋势。昌邑是国务院确定的沿海开放城市，是著名的“丝绸之乡”“华侨之乡”“中国印染名城”“中国北方绿化苗木基地”“中国超纤产业基地”。总人口68万。在经济发展的基础上，昌邑市的流动人口呈现以下特点：以外来流入人口为主；本地区人口流动主要以区域内或者附近区域的短期流动为主；外来人员相对于区域内流动人口所从事的行业要艰苦。

浙江的调查涉及余姚市和青田县。余姚是全国经济综合实力百强县市，有“塑料王国、模具之乡”之称。余姚也是全国商贸市场大市之一。2009年，农村居民人均纯收入12231元。入选首届十大（县级）“中国最具幸福感城市”。本次调查的丰南村隶属于余姚市阳明街道，位于城西，是市区西大门。丰南村全村现有常住户1005户，户籍人口村民2800余人，外来人口——“新丰南人”则有近万人。这次调查涉及各行各业的流动人口家庭，包括油漆工、货运司机、便利店主与普通工人及其流动子女或暑假过来和父母相聚的留守儿童。青田县隶属丽水市，位于浙江省中南部，总面积2493平方公里，总人口48.71万人（2008年）。素有“九山半水半分田”之称，有“石雕之乡、华侨之乡、名人之乡”的美誉。下辖10个镇、21个乡，课题组的调研地方山乡位于青田县东南，辖20个行政村，36个自然村，面积37平方公里，人口13000多人。方山是著名的叶蜡石主要产地之一，村民较早赴海外推销石雕。如清光绪年间（1875~1908年）奎岩庄就有76位村民出国推销石雕工艺品。改革开放后，出国人数大增。乡里青壮年多出国打工，其中出国方向主要集中在西班牙、意大利、南非等国；同时，由于拥有丰富的青田石资源，每年有大量外地劳动力进入方山，从事矿石开采、加工、销售。本次调查的主要对象是父母辈出国打工后由祖父母辈在老家照看的孩子。乡里信仰基督教的人数较多，村中有固定的教堂，许多人家门前也有“以马内利”的门楣。

湖北省是我国中部农业大省，农业人口占全省人口总数的71%，是全国农民工输出大省之一。据湖北统计局2008年的统计，湖北农村实有劳动力资源2293.97万人，农村从业人员2135.14万人，全省农民外出就业人数达到961.50万，占农村劳动力资源的比重为41.9%。调查点仙桃市是比较特殊的全国少数几个省直管市，位于湖北省中部的江汉平原，现辖15个镇，3个街道办事处，2个工业园区，639个村民委员会。总人口148.08万人，其中乡村人口79.67万人。农村居民人均纯收入4695元。根据仙桃工会的统计，该市每年有30多万人常年在外务工经商。

广西地区的调查涉及北海、钦州、南宁、武鸣等地区的城镇和乡村，重点在城镇农民工聚集的建筑工地和乡村留守儿童聚集的学校进行调查。被访者全部为广西境内流动的人口，亲代被访者中建筑临时工占80%以上，子代被访者有60%左右为乡镇学校学生，其余为留守家中子女或跟随外出打工和亲代一起被访问的。

本次调查的重庆市万州区，旧称万县，位于重庆东北部，老城区因三峡工程而整体搬迁到水位线以上，成为三峡库区最大的移民新城。总人口近200万，大部分是农民。众多剩余劳动力外出务工，他们绝大部分选择将子女留在家里生活、上学，留守儿童数量庞大。此次调查涉及万州的凉水、板桥、双龙、芦家等村。

四川达州市位于川东北，总人口640万。其中农业人口占绝大多数，因而外出打工的人也非常多。本次调查主要涉及达州市的留守儿童家庭与流动到广东惠州市打工的达州籍流动人口家庭。

陕西省的调查涉及西安市、铜川市、延安市和渭南市，问卷总计发出90份，实际收回73份，访谈共计4个家庭7人次。调查对象包括事业单位临时工、国有企业职工、矿工和其他一些人员及其子女等等。调查员还专程深入陕西省延安市黄陵矿业集团做了为期8天的调查。黄矿集团是国内一流、实力雄厚的大型煤矿集团。很多父母把孩子放在省会西安市上学，平时家庭团聚的机会不多。

宁夏固原市位于南部六盘山区，地处西安、兰州、银川三个省会城市构成的三角地带中心，是古代丝绸之路东段北道上的重镇，是一座历史文化名城。辖四县一区，人口151万，其中回族人口占43.5%。农业人口1326232人，农民人均纯收入1925.4元，人均劳务纯收入684.7元，劳务收入占纯收入的35.6%，对农民收入增长贡献率达到了56.8%，是农民纯收入增长的主要来源。

在新疆的调查涉及乌鲁木齐、阿克苏、吐鲁番、伊宁、玛纳斯、石河子、克拉玛依、哈密、昌吉、克州10个地区。流动人口以外地流入为主，本地外流人口以经商为主。有特色的是新疆生产建设兵团中的流动人口。兵团的人口迁移一直相当活跃，这期间既有国家的计划迁移，也有人们的自发迁移。直至1980年，新疆人口持续增长。1980 年至 1989 年，兵团的人数减少，多数兵团人选择去东部发达地区，1990 年以后缓慢进行人口迁入，进入较活跃期，多数是来自内地的农民。阿克苏市是新疆生产建设兵团农一师所驻地，作为兵团调研的特征地，调查员在农一师七团一连、五连、六连、十一连、十三连进行了调研。

第三节 调研对象选择

本次调查重点关注的是双亲外出的留守儿童、随双亲或其中一方外出的流动儿童及近三年来的返乡流动儿童。调查对象可以简单地划分为两大类，即流动人口家庭中的亲代与子代。

这两大类调查对象又归属为三种家庭类型，一是留守儿童家庭，二是流动儿童家庭，三是返乡流动儿童家庭。本次调查共调查了 832 个留守儿童与流动儿童，各类亲代 676 人，共计 1690 人，另有访谈个案 88 个。在调查分析过程中，剔除不符合要求、有缺漏情况的样本，回收有效儿童问卷 591 份，但由于一些地方的子代问卷调查没有与亲子关系诊断测验一起进行，所以有些问题的分析只选用了配套有亲子关系诊断测验量表的 541 份子代问卷。

第四章　亲子关系调研情况分析

第一节　调研对象总体评价

调查样本的具体情况如下表所示。儿童样本中男女比例基本保持一致。在个体特征上，为了保证样本更具有代表性，本次调查特意选取了除汉族外10个少数民族的儿童，在各个年龄层上呈正态分布，学历上以小、初、高中生为主，即正在接受教育的未成年人。

表2　调查儿童基本情况表

		频数	频率
性别	男	317	47.9%
	女	344	52.1%
民族	汉族	565	85.5%
	壮族	13	2.0%
	藏族	43	6.5%
	蒙古族	29	4.4%
	满族	4	0.6%
	回族	3	0.5%
	维吾尔族	2	0.3%
	仡佬族	2	0.3%

续表

		频　数	频　率
民　　族	珞巴族	2	0.3%
	门巴族	1	0.2%
	土家族	1	0.2%
年　　龄	5周岁及以下	5	0.8%
	6~10周岁	69	10.4%
	11~15周岁	323	48.9%
	16~20周岁	239	36.2%
	21~25周岁	22	3.3%
	26~30周岁	3	0.5%
入学情况	未入学儿童	7	1.1%
	小学生	201	30.4%
	初中生	193	29.2%
	高中生	171	25.9%
	职中生	9	1.4%
	中专生	19	2.9%
	务农或工作	18	2.7%
	其他	53	8.0%
宗　　教	不清楚	144	21.8%
	无宗教信仰	426	64.4%
	佛教	69	10.4%
	伊斯兰教	6	0.9%
	基督教	16	2.4%

续表

		频 数	频 率
健康状况	拒绝回答	19	2.9%
	很好	376	56.9%
	较好	178	26.9%
	一般	76	11.5%
	不太好	8	1.2%
	很不好	14	2.1%
居住情况	拒绝回答	4	0.6%
	与爸爸妈妈住老家	111	16.8%
	与爸爸住在老家	9	1.4%%
	与妈妈住在老家	71	10.7%
	与爷爷（或）奶奶住在老家	74	11.2%
	与外公（或）外婆住在老家	32	4.8%
	与其他亲戚一起生活	50	7.6%
	单独（或与兄弟姐妹）住在老家	19	2.9%
	与爸爸妈妈住在外地	115	17.4%
	与爸爸住在外地	3	0.5%
	与妈妈住在外地	21	3.2%
	单独（或与兄弟姐妹）住在外地	73	11.0%
	其他	79	12.0%

第二节　亲子关系情况分析

一、亲子关系概况

本研究采用的测验工具是由华东师范大学周步成等修订的《亲子关系诊断测验（PCRT）》。该测验由10个内容量表组成，亲子关系按照父母的管教态度分为五类，每类态度再各自分成2个类型，即拒绝（A消极拒绝型、B积极拒绝型）、支配（C严格型、D期待型）、保护（E干涉型、F不安型）、服从（G溺爱型、H盲从型）和矛盾不一致（I矛盾型、J不一致型）。整个问卷有较好的信度和效度，折半信度系数为0.92，结构效度系数为0.72，是应用比较普遍的测量亲子关系量表。

表3　亲子关系诊断测验（PCRT）说明

态　度	类　型	具体表现
I拒绝的态度	A：消极的拒绝型	父母对子女所说的话不理、忽视、不关心、不信任、感情不好等态度。
	B：积极的拒绝型	父母对孩子有体罚、虐待、威吓、苛求、放弃养育责任等态度。
II支配的态度	C：严格型	父母对子女虽有爱，但常以严厉、顽固、强迫的态度或禁止、命令的方式来监督子女。
	D：期待型	父母自己的夙愿、希望投放在子女身上，忽视子女的天赋能力，希望子女完全遵从父母的要求去做，即望子成龙。

续表

态　度	类　型	具体表现
Ⅲ保护的态度	E：干涉型	大致与期待型相同，为了能使孩子变得更好而细心地去照顾，尽量给予帮助和嘱咐。
	F：不安型	对孩子的日常生活，学业，健康，朋友，前途等，具有完全不必要的担心和不安，因而对孩子过分负责，给予过分的帮助。
Ⅳ服从的态度	G：溺爱型	对子女的要求、主张、意见都无条件地接受，对孩子过分喜爱，想尽一切办法来迎合子女的要求，即使子女做了坏事，也为其申辩。
	H：盲从型	让孩子持有一切权力，父母不管付出多大牺牲，也要接受孩子的要求。
Ⅴ矛盾的态度	I：矛盾型	对子女的同一行为，有时斥责、禁止，有时却宽恕、勉励。管教态度缺乏一贯性。
	J：不一致型	指父母管教态度不一致，例如父亲严厉，而母亲放纵；父母叱责子女时，母亲却来阻止。

本次测验中规定分量表中各项分数加总超过20分即为存在不良亲子关系，具体统计如下表所示。从表4的数据可以看出，A量表20分以上的共51人，占9.4%。B量表20分以上的共35人，占6.5%。C量表得分20以上的共106人，占19.6%。D量表得分20以上的共248人，占45.8%。E量表得分20以上的共213人，占39.4%。F量表得分20以上的共415人，占76.7%。G量表得分20分以上的共185人，占34.2%。H量表得分20以上的共65人，占12%。I量表得分20分以上的共84人，占15.5%。J量表

得分20分以上的共86人，占15.9%。其中D量表，E量表，F量表和G量表得分20分以上的所占百分比均超过30%，尤其是F量表得分20分以上的高达76.7%。

这表明在流动人口家庭亲子关系中占极大比例的不良亲子关系是不安型亲子关系，父母们对孩子的日常生活、学业、健康、朋友、前途等，具有完全不必要的担心和不安，因而对孩子过分负责，给予过分的帮助，在大分类上则属于保护型的亲子关系。在与子女的亲子交往中，和普通家庭相比，流动人口家庭的家长并不能时时刻刻面面俱到，甚至会错过很多和子女相互理解信任的机会，在长期的角色缺位中信任感缺失，而希望弥补这种缺失的心态又使父母们滋生过分的担忧，从而产生不安型亲子关系。

表4　亲子关系诊断测验情况

	亲子关系类型	频　率	百分比（%）
拒绝型	A：消极的拒绝型	51	9.4
	B：积极的拒绝型	35	6.5
支配型	C：严格型	106	19.6
	D：期待型	248	45.8
保护型	E：干涉型	213	39.4
	F：不安型	415	76.7
服从型	G：溺爱型	185	34.2
	H：盲从型	65	12.0
矛盾型	I：矛盾型	84	15.5
	J：不一致型	86	15.9

流动儿童家庭，由于亲子每日生活在一起，基本上不存在两代人由于交流缺乏而造成隔阂的情况（除非有一些由于工作或特殊原

因不能经常回家)，孩子们普遍与母亲的关系较近，因为母亲作为家庭主妇，照料孩子的日常起居，和孩子的交流较多，孩子有什么生活上的问题都愿与母亲交流，而父亲基本上忙于工作，养家糊口，无法顾及孩子的学习与生活，在孩子心目中远没有母亲亲切。此类家庭的主要问题在于孩子与父母一起来到异地他乡，共同接受不同生活环境和较为艰苦生活条件的洗礼，应对城市生活的大风大浪。且父母更加关注的是孩子的学习情况，往往容易将改变一家人命运的重任与希望寄托在孩子的身上。

对于返乡流动儿童家庭来说，亲子关系的焦点在于孩子习惯了与父母生活的情况下突然回乡能否适应的问题上，孩子们的心理会有怎样微妙的变化。调查发现，孩子们最不能适应的还是与父母分开，父母与孩子之间彼此思念，父母对孩子的关心焦点也逐步由学业转向生活。但是随着时间的推移，疏远感加强，占据主导地位，致使他们之间的关系不如从前。事实上，距离与亲子关系的疏密程度是呈现抛物线发展趋势的。起初，非常近的距离使两代人看不到彼此存在的重要性，日常产生的口角较多，但孩子返乡带来的距离感反而拉近了父母与孩子们心灵之间的距离，让他们彼此想念关心，但是分开的日子太久又势必造成心灵的隔阂和团聚后的陌生感。

至于留守儿童，他们由于长时间没有父母的庇护，在爷爷奶奶等代理监护人的照料下长大，缺乏父母之爱的他们，可以表现得比常人更加坚强与成熟，但是无法避免的是他们的内心深处必定会少了一份成长的必需品，那便是血缘亲情之爱的浇灌。父母也对孩子不甚了解，虽然为他们提供了物质上的支持，但是在精神上的支持却较为欠缺，这是父母与孩子双方面的一种缺失与遗憾。

二、亲子关系的若干特点

总体来看，家长单方流动对孩子的影响较小。家长双方流动，且不与孩子居住在一起的情况对孩子影响较大。会降低孩子的家庭感、安全感和幸福感。而除了亲子关系诊断测验，本次调研还关注了父母在亲子关系中的角色和表现，亲代在培养亲子关系中的侧重点等，获得了以下结论。

1. 总体上母子关系好于父子关系

在家庭关系方面，孩子同母亲的关系一般要比同父亲的关系亲切，在解决问题时，也往往倾向于寻求母亲的帮助。孩子在日常生活中会不同程度的有对父母的思念，而且这种思念会对其生活有一定的影响。这一结果在亲代与子代对其亲子关系与亲子交流障碍的主观评价中都得到了一致的体现。子代与父亲、母亲的亲子关系评价如表 5 所示：

表 5　亲子关系评价情况

	频　率		百分比（%）		累计百分比（%）	
	父亲	母亲	父亲	母亲	父亲	母亲
很好	303	341	56. 3	63. 5	56. 3	63. 5
比较好	138	142	25. 7	26. 4	82. 0	89. 9
一般	74	39	13. 8	7. 3	95. 7	97. 2
不太好	13	12	2. 4	2. 2	98. 1	99. 4
很不好	10	3	1. 9	0. 6	100. 0	100. 0

父子关系有效数据共 538 份，有效率为 99. 4%。其中认为关系很好的占 56. 3%，比较好的占 25. 7%。母子关系有效数据共 537 份，有效率为 99. 3%。其中认为关系很好的占 63. 5%，比较好的占 26. 4%。

子代的亲子交流障碍评价如表 6 所示：

表6　亲子交流障碍评价情况

	频　率		百分比（%）	
	父亲	母亲	父亲	母亲
有	254	202	47.1	37.6
没有	285	335	52.9	62.4

而子代对于亲子交流产生障碍的原因也是多种多样的，详见表7：

表7　亲子交流障碍原因情况

	频　率		百分比（%）		累计百分比（%）	
	父亲	母亲	父亲	母亲	父亲	母亲
思想观念不同，谈不拢	88	92	35.1	46.0	35.1	46.0
长期不在一起生活，没什么话讲	71	47	28.3	23.5	63.3	69.5
父/母太忙，没时间和孩子讲话	60	42	23.9	21.0	87.3	90.5
父/母是个不喜欢说话的人	18	6	7.2	3.0	94.4	93.5
打电话花钱多，不能尽情地讲	2	6	0.8	3.0	95.2	96.5
其他	12	7	4.8	3.5	100.0	100.0

由以上两个表格可以看出，在亲子交流上，和父亲交流有障碍的孩子占47.1%，而和母亲交流有障碍的比例只有37.6%。在亲子交流障碍产生的原因当中，和父母交流有碍的原因占据最大比重的还是思想观念的原因，分别有35.1%和46%的人选择这个选项。但不可忽视的是，“长期不生活在一起”“工作忙没时间”“不喜欢说话”这三个原因也同样占比很高。

表8则显示了父母与子女的联系情况，尤其是父母处于外出

工作状态下与子女交流沟通的频度。从表中可以看出，43.1%的母亲都与子女一同生活，承担教养子女的大部分义务，而仅有27.6%的父亲与子女住在一起。外出的父母中28.8%的父亲和25.6%的母亲隔几天就会与子女联系一次，14.8%的父亲有事才与子女联系。

表8　亲子联系情况

	频率		百分比（%）		累计百分比（%）	
	父亲	母亲	父亲	母亲	父亲	母亲
每天生活在一起	149	233	27.6	43.1	27.6	43.1
每天通过电话等方式联系	50	49	9.3	9.1	36.9	52.2
几天联系一次	155	138	28.8	25.6	65.7	77.8
半个月左右联系一次	45	43	8.3	8.0	74.0	85.7
很少联系	50	33	9.3	6.1	83.3	91.9
有事才联系	80	28	14.8	5.2	98.1	97.0
其他	10	6	1.9	1.1	100.0	100.0

总体来看，母亲在亲子交流中更加贴近子女，和子女交流障碍少于父亲，与子女有更多的联系和沟通。这是流动人口家庭的特殊性使然，在父母双方或一方外出工作的过程中，母亲承担的家庭责任还是要比父亲多，从而能够与子女有更多的接触，产生更多的情感联结。但是，在亲子交流障碍相关调查来看，无论是父亲还是母亲，都存在与子女交流较少的表现，这显然不利于良好亲子关系的发展。

2. 以学习为关心轴心

我们调查的家庭中，大多数亲代都具有初中及以上学历，对孩子的教育问题普遍比较关注，教育投入也比较大，甚至很多家庭往往倾向于将家庭的希望都寄托于孩子的教育上。然而，不少家长对自己子女的教育需求了解有限，并不知道自己子女最需要怎样的教育，关心的方式较单一，主要关注学习方面，生活方面则主要靠子女自己把持（详见表9）。

表9　父母关心的方面

	频　率		百分比（%）		累计百分比（%）	
	父亲	母亲	父亲	母亲	父亲	母亲
日常生活	65	101	14.6	23.2	14.6	23.2
学习情况	247	173	55.6	39.8	70.3	63.0
身体健康情况	91	122	20.5	28.0	90.8	91.0
心情好坏	3	5	0.7	1.1	91.4	92.2
兴趣爱好	9	8	2.0	1.8	93.5	94.0
与同学及朋友的交往	13	14	2.9	3.2	96.4	97.2
其他	17	12	3.7	2.8	100.0	100.0

正如表格所示，流动人口家庭父母们对孩子最为关心的部分还是学习情况，其中有55.6%的父亲和39.8%的母亲都选择这个选项。其次关心的则是孩子的身体健康和日常生活，而对于其子女的情绪、兴趣、社交等情况，父母们关心的程度显然是不够的，在这几个选项上，都只有不到5%的选择率。可见这些家庭的父母们对子女的教育非常重视，但也暴露出一个巨大的问题，即父母们对子女的精神世界知之甚少。

在我们调研的过程中也经常可以听到这样的话，“爸爸妈妈每次打电话就是问学习，其他什么也不管”。这对于流动人口家庭是一种常态，但对于亲子关系的良性构建，对于子女的健康成长却有诸多负面影响。未成年人在成长过程中，尤其是青春期期间的心理状态是十分微妙的，家庭作为个体社会化的场所之一，有着调节情绪、提供情感支持等诸多不可或缺的功能。而父母流动的家庭，父母外出本身就已经构成家庭三角结构的缺位，加之在外父母关心或者表达的重点还只局限于学习，对于未成年子女并不能起到良好的疏导、导向作用，极有可能导致孩子情绪失控，甚至发生社会越轨行为。

3. 子代成长环境堪忧

农村的教育条件、环境氛围、生活条件等问题重重，导致新一代的青少年出现了厌恶学习、沉迷网络、逃避现实、懒惰、生活消极等问题。

开封市工作的厨师、保安、保洁工人，无法将子女带在身边，子女多待在老家。在与他们的交谈中我们感觉到，这些父母希望孩子能健康成长，希望孩子们能学习优秀，希望能跟子女多交流。但是因为工作原因，很难有时间关心子女的生活学习，也经常得不到子女的理解和认可。不少人希望自己能在城里买房把孩子接到身边来生活，但是因为经济原因暂时难以实现。

郑州小商品城的商户来自全省各地，多数已经在此地经商多年，一些人也把子女带在身边，在当地上学。很多子女课余时间要在店铺里帮父母看店，父母忙时，子女就自己在店铺里写作业，或者自己在小商品城里玩耍，这些孩子多数比较开朗，可能是在商场里接触人较多的缘故，但是学习成绩普遍一般，与父母的关系比较融洽，毕竟可以长期待在一起。但据一些从外省来的家庭反映，由于方言和口音问题，与本地人的交流存在一些问题。有不少孩子抱怨父母太专心于开店铺赚钱，很少关心自己的生活与学习。

第三节　亲子关系影响因素实证检验

一、问题与假设

从亲子关系研究的内容来看，早期的研究主要考察各种类型的对象其亲子关系的现状与特点（王恕成，2007）。对于影响亲子关系各种因素的分析是主体，受关注的因素包括父母教养方式（Smetana，1995；王美萍等，2001）、性别（朱俊卿，2004）、家庭经济地位（Shek，Daniel，2005；王玥，2016）、是否独生（肖雪等，2017）、父母学历（何晶、白旭，2006）、孝道态度（张坤，2006）以及亲子互动的频率（黄时华等，2015）等。在研究的基础上，学者们提出了更新教育观念、扭转父亲淡出家庭教育的状况、重视发挥少年儿童的主体作用等对策建议（孟育群、李强，2001）。

还有一些研究对特殊家庭的亲子关系进行了关注，如对单亲家庭（Thomas et al.，1996）、再婚家庭（Kelley，1996；Preece，2000；项光勤，2003）、寄养家庭（曾凡林、昝飞，2001）、隔代教养家庭（Gattai & Musatti，1999）、留守家庭（张学浪，2016）等家庭类型中的亲子关系的调查分析。多数研究显示，这些特殊家庭中的孩子在人格发展、生活适应、同伴关系、学业适应、社会技巧及偏差行为的发生等方面，都不同程度地与一般家庭存在着差异。还有部分研究关注的是某一类别的群体，如对农村亲子关系（朱俊卿，2004；王欣，2015）、独生子女家庭的亲子关系（刘振聪，2016）、学龄期儿童的亲子冲突（戴世登，2009）、中小学生的亲子关系（杨莲清，1998；符明弘、李鹏，2002；陈立民等，2011；杨盼盼等，2016）等的现状、模式、特点、问题、影响因素及其对策的调查与分析。此外，还有少数研究与时代特征相结合，分析了亲子关系中的文化反哺（周晓虹，2003；王培刚，2007；刘长城等，2013）及网络对亲子文化冲突的影响（郁琴芳，2006；郑路鸿，2015）等问题。

概而言之，海内外的亲子关系研究，多关注影响亲子关系的基本因素及亲子关系中的冲突内容等问题，并对不同类型家庭及不同特征群体的亲子关系进行了比较和探讨。在研究方法上，也已开始从哲学思辨、单一的问卷调查法走向多问卷调查及多元方差统计分析，并开展了多对象、多区域、多国别的比较，人类学的田野考察法及行动研究等质性研究方法也逐渐受到欢迎。

通过对以往研究的回顾和总结，本研究提出以下假设：流动人口家庭的亲子关系和其父母与子女长期的互动息息相关，最主要的影响因素包括亲子关注、亲子联系以及亲子反馈等几个因素，其中亲子关注指的是父母对于子女的关心，亲子联系指的是父母与子女的联系和沟通，而亲子反馈指的是父母与子女之间的意见表达和反馈。

二、变量说明

1. 因变量

因变量为子女对亲子关系的评价，主要来自问卷问题中的“你与爸爸/妈妈的关系如何”这一问题，在1－5数量级上分别表示“很好”“比较好”“一般”“不太好”“很不好”。其中父子关系“比较好”及“很好”的比例为82.0%，母子关系中这一比例则是89.9%，而父子关系中“不太好”及“很不好”的比例为4.3%，母子关系中为2.8%。总体来看，亲子关系情况较好，而母子关系更是优于父子关系。通过独立样本t检验，我们也发现母子关系与父子关系存在显著差异，因此对于影响因素的探讨我们也将分父母双方讨论。

表10　亲子关系评价情况

	频　率		百分比（%）		累计百分比（%）	
	父亲	母亲	父亲	母亲	父亲	母亲
很好	303	341	56.3	63.5	56.3	63.5
比较好	138	142	25.7	26.4	82.0	89.9
一般	74	39	13.8	7.3	95.7	97.2
不太好	13	12	2.4	2.2	98.1	99.4
很不好	10	3	1.9	0.6	100.0	100.0
独立样本t检验	t＝－9.802		sig＝0.000			

2. 自变量

核心自变量包括亲子关心、亲子联系以及亲子反馈三个方面的因素。

首先，亲子关注方面包括亲子关注程度因子以及亲子关注内容因子，分别根据“你认为爸爸/妈妈对你如何”以及“爸爸/妈妈最关心的是你的哪方面”这两个问题测量。其中亲子关心程度为5分有序变量，1分表示“很关心”，5分表示“很不关心”。亲子关心则包括日常生活、学习情况、身体健康情况、心情好坏、兴趣爱好、与同学及朋友的交往等几方面。

其次，亲子联系方面主要包括亲子联系频度以及亲子联系方式。其中前者通过“你与爸爸/妈妈的联系情况如何”这一问题测量，从“每天生活在一起”到“有事才联系”的频度分别为1－6分。后者则是以“如果你和爸爸/妈妈不在一起，你们之间的主要联系方式是什么”这一问题测量，选项有打电话、写信、上网发电子邮件、网上聊天或视频通话等不同的方式。

而亲子反馈则包括意见表达以及管教方式。意见表达的问题为“如果你对爸爸/妈妈有意见和不满的话，你会怎么做?”，包括选项“忍着不说”“委婉地说出来”“直接说出来”“用行动表达不满”。管教方式的相应问题则是“如果你犯了错误，爸爸通常会怎样对待你”，具体选项为“打我”“骂我”“跟我讲道理”“不会管我的”。

具体的变量说明如表11：

表11　变量说明表

变量名称	变量说明及赋值
因变量：亲子关系评价	很好＝1；比较好＝2；一般＝3；不太好＝4；很不好＝5
个体特征：	
性　　别	男＝1，女＝0

续表

变量名称	变量说明及赋值
是否有宗教信仰	是 =1，否 =0
是否为少数民族	是 =1，其他 =0
与同龄人人际关系	非常好 =1；比较好 =2；一般 =3；不太好 =4；很不好 =5
与父母外监护人关系	非常好 =1；比较好 =2；一般 =3；不太好 =4；很不好 =5
亲子关心：	
亲子关心程度	很关心 =1；比较关心 =2；一般 =3；不太关心 =4；很不关心 =5
亲子关心内容	日常生活 =1，其他 =0；
	学习情况 =1，其他 =0；
	身体健康情况 =1，其他 =0；
	心情好坏 =1，其他 =0；
	兴趣爱好 =1，其他 =0；
	与同学及朋友的交往 =1，其他 =0
亲子联系：	
亲子联系频度	每天生活在一起 =1；每天通过电话等方式联系 =2；几天联系一次 =3；半个月左右联系一次 =4；很少联系 =5；有事才联系 =6
亲子联系方式	打电话 =1，其他 =0；
	写信 =1，其他 =0；
	上网发电子邮件 =1，其他 =0；
	网上聊天或视频通话 =1，其他 =0

续表

变量名称	变量说明及赋值
亲子反馈：	
意见表达	忍着不说 =1，其他 =0；
	委婉地说出来 =1，其他 =0；
	直接说出来 =1，其他 =0；
	行动表达不满 =1，其他 =0
管教方式	殴打 =1，其他 =0；
	辱骂 =1，其他 =0；
	讲道理 =1，其他 =0；
	放任 =1，其他 =0

三、模型设计

被解释变量是五分有序分类变量，理论上 Order Probit（Logit）模型是最优方法，但不少研究证实 OLS 回归与 Oprobit 回归的参数估计在方向和显著性方面是一致的，而 OLS 模型更直观和易解释，因此我们主要采用 OLS 估计作分析。

四、结果与分析

通过 SPSS20.0 建立了 OLS 模型对流动人口家庭亲子关系影响因素进行计量检验，具体结果见表 12。从表中结果可以发现，综合考虑所有因素后，这些变量的影响显著程度和方向均没有发现明显的变化，其标准误差也较为稳定，说明我们采用的这些变量之间并没有大的共线性问题，估计和分析结果具有较强的代表性和稳健性。而模型整体通过了 0.1% 的显著水平，说明模型具有意义，回归的整体效果良好。

表 12　模型检验表

		父子关系		母子关系	
		系数 B	标准误差	系数 B	标准误差
	（常量）	1. 304****	0. 312	0. 773****	0. 239
个体特征	性别	-0. 115*	0. . 066	-0. 054	0. 060
	是否有宗教信仰	0. 035	0. 097	0. 121	0. 088
	是否是少数民族	-0. 142*	0. 095	-0. 190**	0. 089
	与除父母外监护人关系	0. 006**	0. 031	0. 057**	0. 028
	与同龄人人际关系	0. 111***	0. 039	0. 097***	0. 035
亲子关心	关心程度	0. 490****	0. 038	0. 505****	0. 036
	关心内容：生活	-0. 234*	0. 129	0. 016	0. 099
	学习	-0. 113	0. 106	-0. 006	0. 095
	健康	-0. 062*	0. 123	-0. 088*	0. 096
	心情	-0. 300	0. 237	0. 094	0. 252
	兴趣	-0. 151	0. 271	0. 128	0. 268
	朋友	-0. 038	0. 196	0. 229	0. 212
亲子联系	联系频度	0. 047***	0. 019	0. 024**	0. 018
	联系方式：电话	-0. 436**	0. 206	-0. 466****	0. 125

续表

		父子关系		母子关系	
		系数 B	标准误差	系数 B	标准误差
	写信	-0.522**	0.264	-0.367	0.240
	邮件	-0.843*	0.479	-0.836**	0.304
	网聊视频	-0.929****	0.259	-0.972**	0.208
亲子反馈	意见表达：沉默	0.027*	0.177	0.105*	0.180
	委婉表达	-0.008	0.177	-0.269	0.180
	直接表达	0.057	0.174	-0.317*	0.179
	行动表达	-0.058	0.185	-0.089	0.191
	管教方式：殴打	0.167	0.191	0.436**	0.211
	辱骂	0.078	0.164	0.437**	0.168
	说道理	-0.304**	0.153	-0.310*	0.162
	放任	0.249	0.195	0.644***	0.205

* $P<0.1$, ** $P<0.05$, *** $P<0.01$, **** $P<0.001$

结合变量的参数估计值，我们可以对流动人口家庭亲子关系的影响因素作出如下判断：

1. 个体特征

从个体特征上看，是否为少数民族、孩子与除父母之外的监护人的关系、与同龄人的关系对其家庭亲子关系都有显著影响。

首先，在父子关系中，民族因素通过了 10% 的显著水平的检验，而在母子关系中通过了 5% 的显著水平的检验，系数分别为 -0.142 和 -0.190，说明少数民族流动人口家庭可能存在更好的亲子关系。这或许得益于少数民族家庭的民族传统和风俗带来了更强的家庭凝聚力，家庭内部亲和性更高，韧性更强，从而对亲子关系产生积极作用和影响。

其次，孩子与其他监护人的关系对亲子关系有显著影响。在父子关系和母子关系中都达到了5%的显著水平，系数分别为0.006和0.057。从系数方向上看，可见子代与其他监护人关系越好，则与家庭中父母关系越差。无论是流动儿童、留守儿童抑或是返乡儿童，由于家庭性质的特殊性，父母在其成长中经常不能每时每刻陪伴，而他们的代理监护人则成了替代父母执行家庭功能的角色，与这些代理监护人的关系自然会直接影响其与父母的关系。这在经济学上更像是互为替代品，在一方满足了子代的需求后，另一方的需求就会相应减少，即如果代理监护人和被监护人关系足够好，父母对子代的影响就会相应下降。

同时，孩子与同龄人的关系也对亲子关系有显著影响，分别通过了1%的显著检验，在父子关系和母子关系上系数分别为0.111和0.097。与和其他监护人关系相同，子代与其同龄人交往越密切，关系越好则有更有可能有更差的亲子关系。这可能有两个方面的原因，一方面与代理监护人一样，与同龄人的交往对于父母缺位中的子代而言，也具有替代家庭功能的作用。与同龄人的社交行为可以为本就有孤独、敏感等特征的青少年提供一定的情感支持，从而修复父母缺位的迷茫、焦虑等负面情绪。而另一方面，由于这些子代本身就有自己的特殊属性，或是流动，或留守，或返乡，在其社交范围中具有与其相同或相似属性的同龄人更多，彼此之间更能相互理解，但也可能因此互为分享负面情绪，使对父母不良的态度得以传播。

对于父子关系而言，性别也有显著影响，女孩较男孩与父亲关系更好。这种情况符合一般家庭中的普遍现象。弗洛伊德认为，处于性器期的儿童在行为上已有男女性别之分，并以父母中的异性为性爱对象。男童会模仿家中的成熟男性对象（爸爸），以母亲为爱恋对象，以致产生恋母情结，女童则产生恋父情结。例如，此时男孩子会对家中的成熟女性对象（妈妈）产生爱慕感，而同时对爸爸衍生出一种敌视的态度，意图与他对抗及争宠。但当年纪渐长，而孩子亦明白打败父母不可能，因此他们便会开始学会认同与顺从双亲，恋父或恋母的情意亦会逐渐消减。

2. 亲子关心

首先，父母对子女的亲子关心程度对亲子关系有显著影响，在父子关系和母子关系中都通过了0.1%的显著水平，系数分别为0.490和0.505。这说明父母对子女的关心程度与亲子关系显著正相关，关心程度越高，亲子关系越好。值得注意的是，这里父母对子女的关心程度是子女对父母的评价，在更大程度上反映的是子女感知中父母对其的关心和爱护。在现实情况中，许多流动人口家庭的父母固然十分爱自己的孩子，但想表达又不得其法，或者碍于父母威严表现出中国式含蓄，使得孩子常常不能体会到父母的良苦用心，更不能感受到父母确切的关心行为。对于这样的家庭，父母和子女之间并没有合理的交流沟通渠道，亲子之间的情感表达是闭塞的，对于亲子关系自然是有害无利。

而在关心内容方面，在诸多的关心内容中，父母关心子女的健康与亲子关系显著正相关。关心健康这一因素通过了父子关系和母子关系中10%的显著水平，系数为-0.062和-0.088。对于在家庭停留时间较短的流动父母而言，关心子女的健康可能会给子女带来更为直观的感受。前文提及子女体会到父母更高程度的关心水平则能改善亲子关系，而关心健康这一行为通常出现在子女生病、体弱等情况时，更能表现父母对子女的在乎，使子女更容易感知到这种情感，从而作用在亲子关系上。

而父子关系上，父亲对于子女日常生活表示关心则能显著提升亲子关系，这一因素通过10%的显著检验，系数为-0.234。在典型的中国家庭中，我们对父亲常常具有不善言辞的刻板印象，他们可能不善于用言语表现对子女的关心，对于外出打工的流动人口而言，就更难表现。在此情况下，我们发现对于子女而言，或许不是父亲提供多少物质支持，而是对日常生活中点点滴滴的关心更能让他们感受到父亲无言的感情。正如朱自清《背影》中父亲穿越月台蹒跚的背影，情感的传递正是通过日常的小事表现的，子女对于父亲的期待并不难理解，无非是最琐碎的生活，最小而最温情。

3. 亲子联系

亲子联系方面的影响因素检验发现，父母和子女联系频度与亲子关系显著正相关，同时通过打电话、写信、网聊视频、发邮件等方式联络都对父子关系有显著影响，而前三者对母子关系也有显著影响。

父母与子女联系频度分别通过了父子关系和母子关系中1%和5%的显著水平，系数分别为0.007和0.024。说明联系频度越高，亲子关系越好，这符合以往的研究也符合常理。无论什么关系的保持都需要个体与个体之间建立长期而稳定的互动途径。作为流动人口，父母在空间上和子女距离拉长，在时间上也不能每时每刻接近，和普通家庭相比，缺少了建立这种长期稳定互动途径的更有利的时空因素。因此，只有通过各种形式的联系手段，重建亲子沟通和交流的渠道，才能够更为有效地维护和巩固彼此的亲子关系。

父母与子女联系方式的检验也间接验证上述说法，父母联系的手段可以多种多样，但只要有所行动，建立良好的沟通途径就能对亲子关系产生积极的影响。从统计结果来看，打电话、写信、网聊视频、发邮件在父子关系模型中的系数分别 -0.436，-0.522，-0.929，-0.843，在母子关系模型中打电话、写信、网聊视频的系数分别为 -0.466，-0.836，-0.972。网聊视频的系数相较于其他方式要高，说明这种方式对于亲子关系具有更高的影响作用。网聊视频是新型通讯形式，父母与子女之间除文字交流，还可以通过语音画面的数字传播技术进行面对面的交流和沟通，相较传统的形式感受更为直观，也更加便捷和高效。因此对于子女而言，这种方式可以通过文字、声音、画面多种形式刺激感官，加深对于父母的印象，理解和体会父母的感情，从而巩固亲子关系。

4. 亲子反馈

在子女对父母意见的表达方面，沉默忍耐在两个模型中都通过显著性检验，显著性水平为 10%，系数分别为 0.027（父）和 0.105（母）。这说明若子女通过沉默忍耐的方式不对父母发表对他们的意见和看法，将更容易导致不良的亲子关系。而在母子关系模型中，直接对话表达意见也通过 10% 的显著性水平，系数为 -0.317。由此可见，直言不讳对母子关系有显著积极影响。

民主平等的家庭氛围对于良好亲子关系的建立有重要作用。在传统中国式家庭中，父母把孩子当成是附属物，子女并没有发言的权力，对自我的发展也没有决策权。这与个体生命长期的发展是相违背的，在成长中子女个人的意志容易与父母的意志发生冲突，产生逆反心理。而缺乏相应的意见表达和反馈的渠道让这种逆反心理无处宣泄，长此以往必然造成不良亲子关系。相反，民主平等的家庭氛围让子女有了发声的机会，它强调的是子女与父母之间一种相互作用、相互影响的人际关系，更大程度上满足了子女的爱、安全感以及自我实现等较高层次的需求，从而更能建立起良好亲子关系。

而管教方式上，殴打、辱骂、放任都对母子关系产生显著消极影响，而“说道理”则对父子关系和母子关系都产生了显著的积极影响。在子女犯错误时，殴打、辱骂、放任不管等做法都属于消极的行为，前两者对子女造成肢体和心理上的伤害，而放任不管固然没有前两者来得强烈，但冷漠和忽视却能长期地腐蚀子女对于父母的天然孺慕，损害依恋关系，甚至比前两者更为有害。不良的教养方式会使子女出现逆反心理和对抗情绪，使亲子间亲情疏远，甚至出现对立的紧张局面，使父母处于家庭中心的主控地位，子女处于被动边缘地位，形成不对等的两极。

传统印象中，父母管教子女更多的是重“惩罚”轻“奖励”。

大多父母沿袭传统的教育观念，认为既然是教育，就必须采取训导的方式，于是批评、指责、规劝整日不断。家长刻板、乏味、重复说教的模式，不能给予孩子思考和理解的时间，孩子无法表达自己的意见。父母与孩子的交流，变成了父母单方面对子女说教。只有真正的双方交流和沟通，才能让父母和子女从对方的角度思考和考虑问题，相互理解，促进亲子关系的良性发展。

第四节　三类儿童概况及其亲子关系

一、留守儿童家庭遭遇多重问题[①]

（一）留守儿童概况

1. 普遍的生活轨迹

据我们在江西省赣州市南康区的调查，年轻的农村打工妹在结婚怀孕之前一般都在外务工，待临产前半年左右才回到老家养胎，等孩子长到10个月大以后，多数年轻的母亲又会再度出外务工，但在孩子4岁以前的年份里，回家的次数较多，逗留时间也往往要长一点，在孩子开始读小学之后，部分人会选择回家亲自照顾与辅导孩子，另外，在孩子初中、高中毕业前夕的半年或一年里，孩子的母亲多会考虑回家照料。孩子的父亲则在结婚前后都在外打工赚钱养家，一般只是在孩子出生前后回家短暂逗留。在外务工的村民当中，有近六成每年仅回家一次，还有5%的要三四年才回家一次。因此，一般留守儿童的生活轨迹可归纳为下表：

---

① 关于留守儿童的情况，主要根据2006年在赣州市南康区的调查材料拟写。其中的大部分内容已发表。参见：刘志军．（2008b）．留守儿童：基于一个村落的人类学研究．中南民族大学学报（人文社会科学版），（03）：51－56.

表13 留守儿童的一般生活轨迹

时间段	具体表现
出生～10个月左右	母亲或父母一起在家照料
10个月后～3岁左右	由祖父母、外祖父母等监护，父母每年回家探视的次数和时间较多
3岁～6、7岁	由祖父母、外祖父母等监护，父母每年回家探视的次数和时间渐少，开始通过电话进行亲子交流。
小学、初高中的平常期	由祖父母、外祖父母等监护，父母每年回家探视1～2次，主要依赖每周1次左右的电话进行亲子交流、学习辅导与道德励志教育。留守儿童自小学起开始在课余、周末等时间参与家务劳动以及田间劳动。在每年的寒暑假尤其是暑假，一些父母会将子女接到打工地生活一段时间。
初中、高中毕业前的1～2个学期	约1/4留守儿童的母亲或父亲（以母亲居多）回家照料小孩的饮食起居、辅导督促其学习

由上表可见，多数留守儿童在很小的时候就处在父母缺失的状态之下，且这种状态贯穿学前期及就学期。这对于他们的社会化具有比较深远的影响。

在学前阶段，留守儿童的父母虽然能通过电话交流以及利用回家团聚的短暂时间，对子女进行言传与身教，但这种作用较之于传统时期已大为削弱。在入学之后，教师及同学开始取代代理监护人在他们的社会化过程中扮演导师及学习榜样的角色。在这一时期，多数留守儿童无论是遇到学习上的难题还是生活上的问题，都往往首先选择向老师或同辈群体倾诉，其次才是告知代理监护人或通过电话向父母求助。

除了在社会化过程中因父母角色缺失所导致的变化以外，留守儿童的童年生活中还存在着以下两个方面的问题。

首先是监护人变更导致的遗弃感及转学问题。部分留守儿童在不同的时期被交由不同的监护人照管，如“爷爷奶奶→外公外婆→亲戚”，或者是在中途被父母带出生活一段时间后又送回。这种变更除了使留守儿童发生心理波动，产生遗弃感以外，也往往导致学龄期的留守儿童转学。例如，从祖父母处转到外祖父母处就往往导致转学。另有一些父母在将子女带去打工地读了一两个学期后，又因为学习跟不上、花钱多等原因将他们送回来就读。以 D 村儿童就读的 M 乡中心小学为例，学校每个学期都要受理不少留守儿童的转学请求，如 2005 ~ 2006 年第二学期转入转出的就有 40 多个，而在每个学年的第一学期要求转学的就更多，达 60 个左右，大约占全校学生总数的 10% 。这样的频繁转学对学校、学生都有不利的影响。

其次是逆向监护问题。虽然大多数代理监护人有能力为留守儿童提供必需的服务，但由于多数代理监护人是留守儿童的祖辈，年级偏大，身体容易出现这样那样的毛病，一旦如此，留守儿童不但不能获得照料，还要耗费大量的时间和精力用来做家务、买药煎药甚至干农活，从而严重影响留守儿童的身体成长、学校学习、休闲娱乐及社会交往，就如下述个案所反映的那样：

小 A，女，15 岁，初二。父母从小外出，17 岁的姐姐已从职高毕业在杭州打工，小 A 现和弟弟、奶奶一起生活。本来姐弟俩是由奶奶一手扶养大的，但前年奶奶犯了严重的风湿病，不但不能照顾她们姐弟俩，还需要父母花 300 元/月的钱请保姆来照顾奶奶。到了今年，由于村里的年轻人都外出打工了，请不到人，她只好自己承担起了照顾奶奶与弟弟的责任。由于要照顾奶奶等，没时间学习，所以现在的成绩比较差，也没什么学习兴趣，不想读书了，想回家照顾奶奶算了。

小 B，女，12 岁，小学五年级。妹妹 4 岁，弟弟 3 岁。父母在她 8 岁之前去深圳打工。小 B 现与爷爷奶奶、弟弟妹妹一起生活。由于奶奶脚有风湿，爷爷又要杀猪卖，经常很忙，所以她在家里要洗衣服等，分担家务。

2. 亲子感受与愿望

从面对面的访谈来看，多数留守儿童对于父母的外出能表示理解与支持，认为父母也是不得已而为之。多数人能认识到父母出去打工是为了赚钱供自己读书，让家里生活得富裕些，是对自己好，所以虽然希望能和父母生活在一起，但理性上还是能体谅父母的难处，支持父母外出，只是希望父母多回家看看自己或者父母中有一个特别是母亲能留在家里。另外，由于很多留守孩一般自断奶起就与祖辈或其他亲戚生活，关系亲密，父母长期外出导致的情感挫折没有那么强烈。

但他们毕竟还是小孩，理性的计算与比较并不能压抑情感上的诉求与渴望。因此，还是有半数以上的孩子尤其是年龄较小的独生子女对于“留守”生活或多或少不适应，有近 1/10 的孩子有过被遗弃的感觉，更有约 1/20 的孩子感到“很痛苦”。有些则埋怨父母丢下自己不管。一个女孩就曾在母亲临走前不无伤心地哭道：“妈妈，您别走了，您连我都不要，挣那么多钱干什么?”从对一些留守孩的深入访谈来看，在他们的内心深处，尤其是在那些迈入初中阶段的年龄较大些的留守孩的内心，十分渴望与父母朝夕相处，享受浓浓的亲情之爱。另一方面，他们由于体恤大人的无奈等各种各样的原因，在有意无意地压抑着这种情感。

女，12 岁，初一。父母从小外出，现和弟弟、爷爷、奶奶一起生活。因父母从小就离开了，感觉没有母爱。其实很希望父母在身边，每次看到其他人与父母在一起就很羡慕，尤其是当别人的父母送东西来学校时，羡慕得心酸。

女，12 岁，小学五年级。父母在她 7 岁之前去深圳打工。现在与爷爷奶奶及还没有上学的弟弟妹妹一起生活。“天天晚上都想爸爸妈妈，特别是爸爸”。

女，15 岁，就读于 M 乡中学初二。父母在其七八岁时出外打工，现于广东佛山。与爷爷、奶奶及弟弟一起生活。弟弟同在 M 乡中学，读初一。姐弟俩都很想念爸爸妈妈，弟弟则更希望爸妈在身边。自己每次看到别的同学的父母来送东西，心里就羡慕得要死，很想自己的爸妈也能来送东西给她。爸妈每周会打一次电话回家，每次弟弟会抢着接，自己会让着弟弟。自己马上就要升初三，想考上这里的重点中学——南康中学，但自己现在的成绩一般。不过，她认为如果父母回来一个的话，就会有自信考上，最希望的是妈妈能回来一年陪她。认为这样自己会更有信心。

虽然大多数的留守儿童强烈地渴望能经常与父母见面或与父母待在一起，可实际上无法做到。据了解，有近1/5的留守孩一年无法与父母见上一面，更有部分留守孩几年都没有见到父母，对父母的记忆已开始模糊，亲子关系趋于淡漠，有时甚至不愿接听父母的电话。留守孩大体上只能通过电话等方式与父母保持经常的联系。学龄儿童一般是每周末通上一两次电话。电话已成为留守孩与外出父母重要的或者唯一的沟通渠道，它在保持与加强亲子关系、缓解留守孩的精神压力与思念的痛苦、对留守孩进行远程指导等诸多方面扮演着十分关键的角色。

值得一提的是，留守儿童与父母分离时间的长短、代理监护人类型、是否有兄弟姐妹一起生活等因素对他们的心理感受有着重要的影响。具体而言，留守儿童在与父母分离的初期往往难以适应这种亲子的隔离，遗弃感、孤独感、焦虑感较强，而祖辈代养、有兄弟姐妹一起生活则对留守孩的生活适应具有积极作用，有利于化解上述情绪。留守儿童年龄越小（比如学龄前或者小学一二年级），对父母的想念越为浓烈，相处时也更易达成谅解，而随着孩子的成长，各种烦心事也越来越多，本来最应该而且最能够支持自己的父母却无法为之导航，孩子心中会渐渐生出一层隔膜，遇事也更偏于独自承受，对父母双方都不甚亲昵。

3. 家庭教育及学习表现

家庭教育方面，与非留守儿童相比，缺少了父母面对面的言传与身教，只能通过电话交流以及每次回家团聚的短暂时间进行教育和辅导。作为弥补，代理监护人一般都会尽力扮演父母的教导角色，但由于多数留守儿童的代理监护人为其祖辈，而祖孙辈的年龄相差往往在40~75岁之间不等，且其中多数老年人为文盲或半文盲，因而往往只能照顾孙子（女）们的日常生活起居，而对于学龄期留守儿童在学习方面的事情大多心有余而力不足。这一因素对于部分留守儿童的学习具有消极的影响。另外，叔伯、姑姨、舅父母等与父母同辈，文化程度及社会见识都要高于祖辈监护人，因而更有可能扮演好代理监护人的角色，为留守儿童提供更有针对性的、更适应社会发展趋势的家庭教育，但由于其与留守儿童的关系不如祖孙间来得亲密无间，这种教育的收效也打了不少折扣。

已有的不少对于中国乡村留守孩的调查，认为留守儿童的平均在校成绩低于非留守儿童（田录梅等，2008；段成荣等，2013；赵玉菡等，2017），另有一些研究则表明留守经历对于留守孩的学习成绩没有什么影响（朱科蓉等，2002；张亮，2017）。

在我们的调查中，“留守儿童的学习成绩普遍较差”也是采访中好多老师的共同看法。“父母在家时，学习成绩不错。父母离家后，成绩就直线下降”是老师眼中最普通的现象。“成绩不好反映给家长，家长管不上，反映给爷爷奶奶，爷爷奶奶又管不了……管得太严吧，也怕他们产生逆反心理……”一位李老师向我讲述了她在教导留守儿童时的矛盾心理。根据老师们的介绍，问题的原因在于外出家长长期忙于挣钱，没时间也没有精力过问孩子的学习，孩子大多是爷爷奶奶监护，由于他们在年龄、文化、身体和精力等方面的原因，对孩子的教育关注仅限于让孩子能安全长大。

但从另一角度看，由于父母的远离，反倒使有些留守儿童更早地学会和适应了独立生活、独立思考、独立地处理学习生活当中遇到的问题，更懂得自立自强，也更能体会父母在外务工的艰辛与无奈，从而更加勤奋与刻苦，在学校取得较好的成绩。我们对江西M乡中心小学五年级学生最近三个学期的成绩的统计分析就表明，留守儿童的平均成绩高于非留守儿童。

表 14　M 乡中心小学五年级学生历史成绩分类对照表（单位：分）

		四年级上学期	四年级下学期	五年级上学期
总分均分	全体儿童	120. 9	138. 6	153. 2
	非留守儿童	118. 6	136. 9	148. 3
	留守儿童	126. 1	143. 6	159. 3
语文均分	全体儿童	59. 4	67. 6	73. 3
	非留守儿童	58. 8	67. 3	72. 2
	留守儿童	60. 8	68. 5	74. 7
数学均分	全体儿童	61. 4	71. 0	80. 0
	非留守儿童	59. 7	69. 6	76. 1
	留守儿童	65. 3	75. 1	84. 6

注：统计时剔除了个别智障儿童的成绩。

从成绩统计来看，留守孩的平均成绩（包括总分、语文及数学单科成绩）都高于非留守孩，且这一趋势十分稳定。除了上文提及的原因以外，可能的第二种原因是，成绩相对较好的学生其家长会更多地放心外出，而那些因成绩表现不太理想的学生其家长则可能选择留下至少一个在家督促。第三，留守孩因家长外出务工，家庭经济状况相对更好，能得到相对更为充分的经济保障和物质支持。第四，小学阶段的儿童尚处于比较听大人和老师的话的阶段，代理监护的负面影响较小。最后，留守儿童的父母因长期在外务工，眼界更为开阔，也更能够通过各种渠道对孩子进行励志教育。因各种调查涉及地域不一，具体情况各异，这种分歧并非不可能。其背后的原因有待以后详加探讨。

4. 身心发展

在身心发育方面，父母的缺失确实对一部分留守儿童有着比较消极的影响，并因此出现了少数懒惰、爱撒谎、不爱学习、不讲卫生的留守儿童，个别人还有小偷小摸、打架斗殴的恶习。这种情况的出现，除了代理监护人不能有效树立威信，在问题出现之初就加以纠正以外，还与部分代理监护人的溺爱或放任自流有关系。留守儿童很容易受到同辈行为的影响，如果这种影响是负面的话，则很容易导致道德发育的不良。如一位就读于某乡中学的初中学生，曾带着同学拆除从学校旁边经过的高速公路上的铁栏杆，拿到街上卖钱，老师发现后作出批评，他竟然要跳河自杀。还有些留守儿童用钱大手大脚、骗钱买零食吃（有时为了骗一两块钱买零食，骗代理监护人说学校要买铅笔、练习本等）、沉迷于打游戏机。尽管个案的情况并不能说明留守儿童总体上的道德水准，也不能说明其不良行为与留守经历的必然关系，它仍然能警醒人们要加强这方面的教育与预防。一般而言，留守儿童中容易出现以下几个方面的身心发展问题：

（1）性格乖张孤僻。在对学校的走访中，不少老师谈到，亲情的缺失使留守儿童普遍性格上和其他学生有很大不同，家庭的流动性对他们心理发展的不良影响令人担忧。父母亲长期外出，不了解孩子的成长变化，无法给予孩子亲情关爱，致使对孩子缺少正常的引导和关心，家长也无法了解其思想、心理变化，有些孩子甚至对父母产生怨恨的心理，加上留守儿童大多由祖辈监管，年龄差距悬殊，和孩子在情感、思想沟通上存在着较大障碍，造成留守儿童心理抑郁、性格孤僻、消极悲观、冲动易怒等心理问题，对其人格的形成、世界观的形成有着巨大影响。

（2）易染社会不良风气。留守儿童的另一显著特点是易受外界环境影响。由于父母外出无力管理、监护人因各种原因管理不周，部分留守儿童缺乏及时有效的约束管教，礼教缺乏，行为粗暴，纪律散漫，常有迟到、旷课、逃学、说谎打架、欺负同学等行为，甚至与社会上一些有不良习气的人混在一起，成为“问题儿童”。产生这一现象的根本原因在于，在留守儿童人生观世界观形成的重要时期，父母适当引导的缺失使他们不自觉地无选择吸收外界信息以实现自我成长。人生教导者的缺位使他们欠缺对外界事物的判断能力，由此易受各种不良风气的影响。而随着孩子逐渐长大，父母难以跟上孩子在学习、精神上的需求，老人在家更管束不了孩子。家庭中良好的亲子关系没有形成，孩子与父母的沟通自然不足，导致家长不能及时了解孩子的一些想法和行为，在不能从根本上杜绝不良想法影响的前提下，也不能把孩子的不良想法扼杀在萌芽状态。

（3）人生理想偏差。人生理想偏差是不少留守儿童身心健康方面存在的突出问题。很多留守儿童从小从家长处得到关于人生观、价值观的教育较少，又随着年龄的增长逐渐感受到生活的最大困难在于家庭的经济压力，因此很自然地将“赚大钱”视为人生的第一追求。他们的这种心理产生于家庭，并在社会的大环境下得到了进一步的强化和发展。帮助留守儿童树立正确的人生理想，不应只是家庭的责任，老师、邻里等都应当扮演积极角色。除了家庭、社区养育环境的影响外，中西部学校的基础设施落后、师资缺乏、农村基础教育投资体制的僵化等都是影响留守儿童身心发育的重要因素。据调查，中西部的小学普遍存在缺乏足够的寄宿床位、寄宿条件艰苦、师资力量薄弱、班级人数过多、办学条件差等影响因素。从而使得不少留守儿童不愿意寄宿学校、工作任务繁重的教师也难以分出更多的时间来照看人数众多的留守孩，更谈不上到留守儿童家里进行走访了。那些住在学校宿舍的留守儿童的生活条件也很差，学校没有提供炒菜服务，米饭需要自己煮、开水需要自己烧，这在很大程度上造成住校学生的营养不良，学生难以安心学习和生活，间接影响到学生对于学校、社会、生活的憧憬，有的则厌学逃学、消极反抗，道德发育受到负面冲击。

5. 留守儿童的意见和呼声

当问及社会、政府、学校等能为他们提供什么帮助时，多数留守儿童回答说帮不上，认为父母是不可替代的。另外，他们也不希望特别的关照使他们更显得与那些父母在家的孩子不同。在与他们进行深入交流以后，一些留守孩开始谈论了他们的想法。如“老师多和我们谈谈心”，“老师多辅导我们的学习”，“把学校的宿舍修好一些，修个开水房”，等等。一位 4 岁的小女孩则认真地看着我说：“叔叔，您给我妈妈打个电话，让她快点回家，好吗?”虽然他们局限于自己的认识，提出的只是一些与自己的生活、学习有着密切关联的要求，有些更是透露着浓浓的孩子气，却能给我们一些方向性的启示。即应给予他们社会的关爱、基本生活条件的改善、亲子联系的促进等。

（二）隔代教养普遍且问题突出

由于父母外出务工，留守儿童多与爷爷奶奶（外公外婆）或是其中一位生活，由于隔代的隔阂更大，一般难以有更多共同的话题，而祖辈除了照顾他们以外，还要整理家务，或者做些农活，因而与孩子们交流的时间也受到限制。大多数孩子只是在春节期间才能与父母相处，虽然平时可以跟父母电话联系，但偶尔的电话诉衷肠，好比“远水解不了近渴”，终究不能解决他们生活与学习上的困难，留守儿童多求助于爷爷奶奶、老师、同学，或者独自承受。这样极容易形成两种极端，孩子不服管教，野性不收，不喜学习，拉帮结派，成为“坏小子”；或是沉默寡言，不善交流，过于内向，标准的“好学生”。无论哪种情况，儿童性格形成期的这种经历，对其今后的全面健康发展都有不利影响。

缺乏父母陪伴的留守儿童，也可能表现得比常人更加坚强与成熟，但无法避免的是他们的内心深处必定会少了一份成长的必需品，那便是血缘亲情之爱的浇灌。父母因远离孩子，也对孩子不甚了解，在亲情联系上极为欠缺。亲子双方都有着无奈的情绪和无限的遗憾。此外，在那些跟随祖辈生活的孤儿身上，更是集中体现出了亲子互动缺失对子代心理造成的影响。下面的案例就充分显示了这点：

小威是艺校一名孤儿。在交谈中访谈者了解到他生下来没多久父母就不在了，一直跟着爷爷奶奶，可是爷爷奶奶年纪大了，很难供养他，也很难照顾到他的成长。从小到大，打架、喝酒、进拘留所，都是家常便饭。几年前外出打工，在社会上摸爬滚打几年后，因为爷爷奶奶的想念，他不得已回来了。面对这个伤心的城市，他已经不再有儿时的愤恨，到习乐堂打工后，人变得越来越安静，越来越安静。

小威说，他从小就和爷爷奶奶没有什么沟通，从他知道父母外出，回来的时候已经生命不再的时候，他就对这个世界充满了怨恨，生来的不平等让他很难融入生活圈子里。

（三）亲祖角色倒转

对于由祖辈隔代教养的留守儿童而言，一个比较引人注意的问题是亲祖角色的倒转，亦即在孩子的心目中，祖辈成了父母，而远在他乡的父母反而成了偶尔关心自己、过年过节来探望、给自己邮寄食品、礼物和玩具的祖辈。调查中一位老爷爷曾问调查员，你们调查什么，究竟有什么用，还未待解释完，老爷爷便感慨道："一句话，还是跟爷爷奶奶关系更亲，父母总在外打工，咋能有感情呢?"

这与调研结果也十分类似，如果与除父母外的监护人有更多的接触，那么与父母的关系就会相应不好。无论是流动儿童、留守儿童抑或是返乡儿童，由于家庭性质的特殊性父母在其成长中经常是不能每时每刻陪伴的，而他们的代理监护人则成了替代父母执行家庭功能的角色，与这些代理监护人的关系自然会直接影响同父母的关系。这在经济学上更像是互为替代品，在一方满足了子代的需求后，另一方的需求就会相应减少，即如果代理监护人和被监护人关系足够好，父母对子代的影响就会相应下降。下面的案例也为我们展现了这点。

1. "最亲的人是爸爸妈妈的上一代"

吴奶奶，70 多岁，湖北仙桃人，女儿离婚后出外打工，现与老伴照顾即将入高中的外孙。吴奶奶的外孙唐君是个16岁的大男孩，穿着清爽的白T恤和外婆坐在一起，不多讲话，只是面对特定问题时做简单的回答。唐君的父母四年前离婚，现均在外务工，每月工资仅够勉强维持基本生活。目前，唐君生活上完全由祖父母、外祖父母负担。考虑到上学便利，唐君小学时由外祖父母照顾，初中时由祖父母照顾，现在即将升入高中，又搬到了外祖父母家。

对于女儿在外务工不能照顾唐君，吴奶奶表示这都是被生活所迫的无可奈何，她动情地讲："唐君妈妈也是有心无力啊，只怪自己没本事，在外面东奔西跑不过是混碗饭吃，哪里还能补贴这里。上次她回来的时候帮唐君收床，之后就哭着对我说：'妈妈，帮我的儿把缝了洞的床单换了吧……'她也心疼她的儿，后来出几十块买了套新床单，但再心疼，能做的也只有这些而已……"唐君一直在一旁默不作声地听着外婆的讲述，他似乎仍然无法认同父母的离开。平常，唐君与父母的联系极少。为了省钱，唐君的父母在全国各地跑都不用手机。唐君无法主动联系他们，只是不定期地听说爸爸或妈妈前几天又到哪里了，打来电话报平安。

唐君坚决地表示"不想念他们"，而被问到谁是最亲的人时，他想了很久回答说"爸爸妈妈的上一代"。即使将爷爷奶奶、外公外婆看作最亲的人，唐君与他们的交流也相当有限。"我们的年代跟他隔得远了，很多事情自然说不上来。我们说的他不喜欢，他说的我们不懂。"吴奶奶说，自己和老伴也只是照顾唐君的饮食起居而已，其他的事情管不来也很少过问，学习上也都是靠唐君自己。一旁的唐君听到这些仍然沉默不语，样子竟颇为深沉，看上去似乎已经习惯了将很多问题自己承担，将很多情绪自己消化。

吴奶奶谈到现在勉强维持的生活，仍然忧心忡忡。老少三口都靠着唐君外公一点微薄的退休费，而唐君上高中后的学杂费、资料费都将是家庭的一笔巨大负担。吴奶奶迫切希望能像周围其他困难家庭一样获得国家的资助，而其所在社区居委会主任也表示，唐君家庭的情况她也是不久前登记基本信息时才了解的，如果现在抓紧填写相关表格，10 月左右应该可以通过其低保的申请。

在这个案例中，离异家庭与留守家庭的双重特征，在唐君的身上表现得相当充分。他所说的“最亲的人是爸爸妈妈的上一代”，是许多身处这样家庭的孩子的共同声音。祖父母（外祖父母）早早地在他们的生命里扮起了“父母”的角色，而父母于他们，则更像家里逢年过节串串门、一年见上一两面的远方亲戚。当越来越多的家庭中“爸爸”“妈妈”在孩子的心中不再有具体的形象，而只是一种指代，一种期盼，一种未能实现的感情的寄托时，我们不得不站在更高的角度好好思考。

2. 叫一声“奶奶”，妈心痛！

浙江余姚市阳明街道丰南村。女主人花花说，有一年回家的时候，儿子居然顺口管自己叫奶奶，这件事她一直很触动、很受伤，提起来的时候也是感慨万千。

对于一个母亲而言这定然是残忍的，但现实就是现实。父母的长期缺位已经让孩子习惯了祖辈的照顾角色。平心而论，父母除了每年几次的见面别无其他，那又如何抵得上祖辈们的朝夕相处呢？

3. 有妈在却不是孩子心中的家

浙江余姚市阳明街道丰南村。跟花花家情况相似的是花花家对门的这一家。只是这家是两个女儿。而且都还小。大女儿也只是读小学四年级。在整个聊天的过程中，就没有见过这女孩跟妈妈亲密的场景，女孩似乎一直在做自己的事。妈妈说，她也是生下这个女儿就过来了，看得出来，妈妈还很年轻，30 出头的样子。她说，每年暑假都要她过来，和我们住，可是她没住几天就喊着要回家，回家见爷爷奶奶，回家见朋友。这里有爸爸妈妈却不要待，让我很伤心。

“你跟她说，她每次都好像听着，甚至有的时候，她就是不听。

让你觉得你好像没有资格管她。她絮絮叨叨地说着。有的时候，我真的觉得自己管不了她。但是，有的时候想想，又觉得对不起她。没怎么好好养她。……人家孩子都想多跟父母待会儿，她没来几天就想回老家去，就是跟我们没感情啊”。

什么才是家？有父母的地方，还是家乡？还是有熟悉的亲朋所在的地方呢？对于以上的案例，读者可以思考，父母与子女的联系真的仅仅是血缘关系和亲缘关系吗？其实不然，亲子之间最重要的是在长久相伴中产生的持久而稳定的情感联系。如果失去了这种关联，那么对于子女而言，父母仅仅是有血缘关系的陌生人，而不具备父母这一角色应当给他们唤醒的情感图景。

对于上述案例中的女儿，她对于母亲的努力视而不见听而不闻，正是因为父母角色的缺席已经太久。在她心中，妈妈不是无可取代的。也许，她还太小无法去领会。又也许，她只是在反叛这一切，拒绝不能和大多数人享受一样父母关怀的这一切现实。

4. 爸爸妈妈是最熟悉的陌生人

浙江省丽水市青田方山乡石前村林家奶奶。林家可以说代表了青田很多人家的情况，他们是一个大家庭，一幢楼中住着三户人家，大家都是妯娌亲家，关系亲近。我们拍摄围绕着林家两个两岁的孩子林家成、林家豪和他们的奶奶展开。熟络以后，林家奶奶接受了我们的采访。

他们都是本地人，奶奶60多岁，无宗教信仰，家成与家豪的父母都在西班牙，平时靠电话联系，平均一周一次左右。我们第一次去的时候，两个小孩子都没有在家，由爷爷推着小推车出去玩了，听奶奶说，每天这个时候爷爷基本都会带着两个小孩子出去玩。家成和家豪回来之后，刚开始看到我们还有点腼腆，奶奶让他们给我们背唐诗，看图说话，语气里满是对自己小孩子的骄傲。我们问小孩子想妈妈不，孩子一下子就跑开了，奶奶告诉我们他们的爸爸妈妈上一个过年才回来过，不过平时经常寄东西回来，像小孩子喝的奶粉啊，玩具啊都是他们从西班牙寄过来或者带过来的，说着就带我们去看了房间里20多盒奶粉。

总的来说，小孩子对父母的印象并不深，上次爸爸妈妈回来，家成就把妈妈叫成了阿姨。奶奶给我们拿来了两个小孩子父母的照片，我们对家豪说快看妈妈，结果家豪把照片中其他一个女的认成了妈妈。但两个小孩说起来还是很喜欢爸爸妈妈，因为爷爷奶奶总是会告诉他们爸爸妈妈又给他们寄什么玩具回来了。根据调查发现，0~5岁区间的孩子大多由祖辈紧密看守，或抱或陪；基本上抱有宠溺的心态。孩子们看似健康快乐地成长着，在他们眼里祖父母就是父母，父母就是祖父母，两者并无多大区分。在漫长的期盼与等待中，爸爸妈妈对许多孩子而言仅仅是个称谓，越来越多的父母成为孩子最熟悉的“陌生人”。对孙辈来说，到了出国的选择关头，他们既希望能够和爸妈一起，又希望能和祖父母一起，在调查问卷的一道问题“你最大的愿望是:”，绝大多数孩子填写了“一家人在一起”，也能从中窥见他们的想法。

（四）留守儿童背后的老人问题

留守孩问题影响的不仅仅是留守孩本身，受波及的还有其父母以及祖辈。尤其是那些承担了教养责任的祖辈（多数是祖父母，少数为外祖父母），更应引起社会的关注。他们在将子女养育成人、逐渐老去之后，本应只承担照看孙辈的辅助工作，却因为子女的外出务工，不得不担负起教养孙辈的主要工作，不仅要操心，还要劳力。

赵大叔，66岁，和老伴带着3个孙子在家读书，并耕种了5亩多田。

大儿子41岁，在广州打工，生有一个9岁的儿子。二儿子39岁，入赘万安。三儿子36岁，在珠海打工，与前妻育有一子，现年9岁，前妻于2000年去世，后与在珠海打工认识的一个湖北女孩结婚，又生有一个儿子，现年3岁，两个孩子都留在家中由赵大叔两人扶养。

两个大的孙子都在M乡中心小学读二年级，每个月每人的生活费为100元，遇到生大病时再另外给钱。三个孙子加上老两口一年的开支要7000元左右，包括吃、穿、治疗感冒等小病的花费，不包括自己种的稻谷、学费等。两个孙子的学费是每个学期150元左右。

赵大叔觉得，带几个孩子很困难，100块钱不够用，要靠自己种田卖谷子补贴才行。自己种5亩田，一年打6000斤粮食，吃掉2000多斤，其他的卖一些。现在自己种田，种得好的话能挣1500元左右。

刘奶奶，70岁，老伴已去世30多年，独自拉扯大5个子女（3个儿子，2个女儿），现在又独自承担了5个孙子孙女的监护扶养工作。具体情况如下表所示：

大儿子	广东佛山打工，年收入2万元左右。去年新修了房子，现在刘奶奶即住这所新居。	女儿，15岁，初中三年级就读。平时住在学校，周末才回家。
二儿子	南康市唐江镇做生意，贩卖鸡、狗等去广东，因生意很忙，有空才会回家。他可能在唐江买房，或回家修新房。	女儿，14岁，刚刚初中毕业，考取江西省工贸学校； 儿子，10岁，在M乡中心小学读二年级。
小儿子	在广东四会开了个杂货店，有空时也骑摩托送客，收入尚不错，但具体多少说不上，他们准备回家修房子。	儿子，12岁，M乡中心小学五年级就读。 女儿，10岁，M乡中心小学三年级就读。

孙子女们都是在9个月大的时候就开始由刘奶奶带，那时她往往是背上背、胸前抱，十分辛苦。孙子女们现在大了，已经好带些，但她现在身体不好，有风湿病，脚痛，都三四年了。

现在除了一个孙女在南昌就读、一个孙女在初中寄宿以外，其他三个孙子女每天都需要刘奶奶照顾，儿子们给这三个孩子的生活费用每月 100 元，加上就读初中的孙女每月 50 元的生活费，共 350 元。

刘奶奶所在的上东排离公路较远，以前送小孩读书、出门都要走泥路，一下雨就很不方便。今年过年之前才搬到大儿子在老屋场组新修的房子，出门才算方便了一些。

（五）留守儿童问题的四个维度

全面把脉留守儿童问题，需从个体、家庭、社区、社会这四个维度作出观察。

（1）从个体维度来看，留守儿童普遍面临情感饥饿、发展危机和安全隐患。亲情饥渴是亲子隔离的最直接后果，以学龄前及小学阶段儿童最为突出，亲子依恋因此受损，并影响其情绪健康；发展危机表现为非常态社会化对体格、性格、行为模式、道德理想、价值取向、学校教育等方面的不利影响，衍生品行、心理和学业问题；安全隐患则表现为过失伤害、故意侵害甚至自我伤害等。

（2）从家庭维度来看，留守儿童的父母及祖辈也深受影响。亲子隔离，也对被迫与孩子分离的父母带来无奈、无助、思念、担忧、愧疚等情感困扰，并在亲子互动中发生作用，进一步影响留守儿童成长及其家庭发展。此外，90% 左右的留守儿童由祖辈代为监护，这些留守老人在将子女养育成人、逐渐老去之后，又不得不担负起教养孙辈的主要责任，成为另一大社会弱势群体。

（3）从社区维度来看，留守儿童集中的村落，是需要着力扶持的青壮年大量外出的中空农村或所谓空巢农村。由于村落的中空，社区活力相对缺乏，公共活动趋于没落、公共服务举步维艰，传统的邻里守望相助，也因留守村民的精力、能力、见识等客观条件的限制，难以有效发挥其功能，社区自我修复、自我适应的能力因此下降。

（4）从社会维度来看，数量至少达千万级的留守儿童，对于国家的未来发展具有潜在的巨大影响。留守儿童及其所在家庭和社区的当前生存状态，直接决定了他们的未来发展程度，其后果日积月累，会影响到一代甚至几代人的心理感受、行为模式、社会互动、社会信任以及对于政府的态度和情感，并可能成为今后社会动荡时潜在的不稳定因素。

三、流动儿童易受忽视

对于流动儿童家庭而言，由于亲子生活在一起，基本上不存在两代人由于交流缺乏而造成隔阂的情况（除非有一些由于工作特殊原因不能经常回家），孩子们普遍与母亲的关系较近，因为母亲作为家庭主妇，照料孩子的日常起居，和孩子的交流较多，孩子有什么生活上的问题都愿与母亲交流，而父亲基本上忙于工作，养家糊口，难以顾及孩子的学习与生活，在孩子心目中远没有母亲亲切。

此类家庭的主要问题在于孩子与父母一起来到异地他乡，共同接受不同生活环境和较为艰苦生活条件的洗礼，应对城市生活的大风大浪。且父母更加关注的是孩子的学习情况，将改变一家人命运的重任与希望全都寄托在孩子的身上。有些家长虽然尽力给孩子们提供了受教育的条件，但没有为孩子提供安心快乐的生活条件。如新疆吐鲁番地区托克逊县的一些流动儿童的父亲，不好好劳动，天天闲着，跟别人打牌喝酒，回家就跟老婆吵架，孩子成天生活在一种不和谐、缺乏温情的家庭氛围之中。

还有一部分家庭，由于父母平时总是忙于工作，所以对孩子的关注很少，长期如此下去，就造成孩子性格比较内向，甚至于孤僻，严重一些的甚至出现了心理问题，他们需要父母的关注和爱心，也需要专业人士的心理辅导。我们在城镇中对流动儿童就读的学校的调查表明，校方反映多数问题孩子来自流动人口家庭。大致的原因有：一方面处于流动状态的家庭对孩子的监管不很严格，很容易让孩子放纵自己；另一方面，孩子是有交际圈的，流入儿童在语言、习俗等诸多方面和当地孩子有一段或长或短的交流适应期，在这个关键时期，如果校方未能做好正确的引导，极易导致流入儿童情绪低迷，成绩易波动、行为受影响。当然，也有一些家庭，虽然父母工作很忙，但也会抽出一点时间来询问孩子的学习生活情况，需要什么帮助等，这样的家庭很和睦，孩子无论是学习、心理还是自理能力都很好。

四、返乡儿童面临再适应问题

（一）社会背景

中国的返乡流动儿童是与农民工大量回流的社会大背景密切相关的。事实上，在人类迁移的过程中，逆流或一种反向的潮流（常称为“回流”“回迁”或“返乡”）往往与主流相伴相随（Lee，1974）。这一现象早已在发达国家中看到，如美国（Serow WJ，1978）、加拿大（Vanderkamp，1972，2010）、日本（Suzuki，1995）、韩国（Lee，1980），在墨西哥（Orrenius，1999；Reyes，1997）等发展中国家和许多非洲国家（Hanks and Liprie，1993）中也是如此。中国也不例外。

回流移民的增加，也就意味着回迁流动儿童的增加。这些回迁儿童往往面临着社会的、心理的、语言的及社会适应的问题，成为回迁移民研究中的热点议题。据 Nogueras & Prewitt - Diaz（1980）、Vuorenkoski 等（2000）、Sun（2010）的研究，移民学生和非移民学生相比，其学校适应更差。Hatzichristou & Hopf（1995）、Palaiologou（2007）等人对从前苏联返回的希腊学生的研究也揭示，移民与回迁学生在学校适应方面存在困难，他们经常被老师描述为成绩差生、麻烦制造者等，至少在他们学习的开始阶段如此。从某种意义上来讲，返乡移民学生的问题已涉及语言的适应、跨文化的调适、社会再整合等十分广泛的议题。

中国国内对于返乡流动儿童的关注，是近两年来的事情，至今的专题研究成果较少，且多与返乡农民工的研究联系在一起，如全国妇联儿童工作部（2011）所做的“农民工返乡对农村留守流动儿童的影响”的研究，中央教育科学研究所教育发展研究部课题组和吴霓（2007）对返乡农民工子女入学政策的探讨，国家人口计生委流动人口服务管理司（2009）对提前返乡的流动人口调查等。更多的则是一些媒体关于返乡农民工子女数量、面临的教育问题、应采取何种措施加以应对等方面的新闻报道与讨论。

中国近两年来大量出现的返乡学童，所遇到的情况与流动儿童、留守儿童、跨国移民儿童及国外的返乡移民学生等都有着较大的差异，有着自己独特的境况。与留守儿童相比，他们有流动经历，返乡后面临着教育差异及社会再整合的问题；与流动儿童及跨国移民儿童相比，他们因返乡而遇到再适应新的教育环境及社会生活的问题；与外国的返乡移民学生相比，除了跨国流动与国内流动的差异外，中国特有的城乡二元分割式的教育资源分配体系及升学和高考制度也使得他们面临着别样的困难与障碍。

（二）返乡儿童的基本特征

据我们在2010年暑假所做的问卷调查，返乡儿童可以大致分为两大类型，一是随父母双方或其中一方回迁的“随家返乡流动儿童”，约占57.6%；二是“独立返乡流动儿童”，即独自返乡或与兄弟姐妹一起返乡，约占42.4%。

表15　返乡儿童返乡意愿情况

	频率	百分比（%）	累计百分比（%）
很愿意	74	42.5	42.5
比较愿意	32	18.4	60.9
不太愿意	20	11.5	72.4
很不愿意	33	19.0	91.4
无所谓	15	8.6	100.0

返乡儿童在外流动的平均时间为4.7年，以3～5年居多。由于外出时年龄大小的不同以及在外生活时间的长短差异，这些返乡

儿童的身份认同也出现了较为明显的分化，出现了一定程度的模糊不清。据问卷调查，只有37.3%的受访者认为自己是农村人，另有7.9%的自认为是农民工后代，认为自己是城里人的有25.4%，还有25.3%则难以对自己的身份作出清楚的界定。

表16　返乡儿童身份认同情况

	频率	百分比（%）	累计百分比（%）
农村人	66	37.3	37.3
城里人	45	25.4	62.7
农民工后代	14	7.9	70.6
说不清楚	46	26.0	96.6
其他	6	3.4	100.0

如下个案则表明，有些返乡儿童有着双重的家乡认同。

毛毛，女，14岁，山东菏泽人，家里还有一个姐姐。父母在山西省太原市坞城街道太行社区经营水果店多年，生意很不错。访谈中她说到自己痛恨迢迢的山水，阻隔了自己与家人，甚而也切断了他们之间浓浓的深情。她说希望自己能够快快长大，有能力和父母住在一起。毛毛又说，其实她挺喜欢自己有两个家乡的，这是同龄的伙伴们所没有的经历，是她的一笔大大的财富。

（三）返乡的原因

从调查所得的数据来看，返乡儿童之所以回到老家生活或学习，有着多种多样的原因。主要的原因有父母或其中一方更换地方工作或失去工作（15.4%）；需要回家陪伴爷爷奶奶（20.7%）；外地读书花钱太多（7.7%）；外地的教学质量不好、外地用的教材和老家不一样（15.4%）；不喜欢在外地生活、外地读书不适应（27.3%）等。

表 17　返乡儿童返乡原因情况

	频率	百分比（%）	累计百分比（%）
父母或其中一方失去工作	8	4.7	4.7
父母或其中一方更换地方工作	18	10.7	15.4
外地读书花钱太多	13	7.7	23.1
外地读书不适应	18	10.7	33.7
外地教学质量不好	11	6.5	40.2
外地用的教材和老家不一样	15	8.9	49.1
不喜欢在外地生活	28	16.6	65.7
回家陪伴爷爷奶奶	35	20.7	86.4
其他	23	13.6	100.0

其中有些原因与国外具有类似经历的儿童相似，如子女到达学龄等。据 Wang & Fan（2006）的研究，当学龄子女的数目上升 1 时，个人回迁的可能性增为 1.1 倍，可见这是一个很重要的影响因素。但也有不少具有中国特点的原因，主要有：户籍制度捆绑下的教育制度、社会福利制度、社会保险制度、劳动力二元分割制度；中国内部各省份之间的教学大纲、指定教材、升学考试制度的差异；城乡及地区间的巨大经济差距；儿童在流入地的适应困难。主要原因有如下几点：

1. 城乡教育的二元分割

问卷调查和访谈表明，由于“城市生活费用太高”“没有时间照顾孩子”“城市公立学校进不去，私立学校费用上不起”“受户籍和学籍限制，不能参加所在城市中考高考”等原因将孩子送回老家的家庭很普遍。这与全国妇联儿童工作部（2009）得出的结论是一致的，即城乡教育的隔离，包括教材、考试、升学等政策性和制度性障碍，是部分流动儿童回乡的主要原因。

毛毛，女，14 岁，山东菏泽人，家里还有一个姐姐。父母在山西省太原市坞城街道太行社区经营水果店多年，生意很不错。毛毛从小和父母住在太原，因为没有这里的户口，上学比较困难，所以七年前送回老家上小学，现在和外公外婆住在一起，生活上还是不太适应。

常轩，男，14 岁，河南内乡人。父母在浙江省余姚市阳明街道丰南村打工，2008 年跟随父母来浙江念书，就在附近的一所民工子弟学校育红学校读初中。“这里的民工子弟学校教育质量真的很不好，不知道在教什么，老师不怎么管学生，常轩都不知道在学什么，越学越差”，常轩的爸爸说道，“这所学校与市内一般初中的教育水平有明显的差距，还是他们当地的学校教育质量好。所以正在考虑下学期要把常轩送回老家去上学，常轩也同意了”。

2. 教材版本与教学进度的差异

目前，国家对义务阶段学生实行“一个标准、多个版本”政策，全国 30 多家出版社出版了不同教材，尤其是数学，连贯性强，如果进度不一，很多学生根本就不懂。不同版本的内容进程不一，使过去所学内容与原籍学校教学内容难以衔接，这也就给学生的流动学习带来极大的不便。不少家长反映，由于其子女在外地就读的是民工子弟学校，教材和学制与家乡不统一，为了孩子能以后跟上其他老家同学的节拍，只好早早地将孩子送回老家上学。这给孩子学习、生活、心理都造成了很大的影响，同时也增加了父母亲的担忧，生怕孩子在家乡出问题。

蒲艳玲，女，13 岁。重庆市万州区长岭镇凉水村人。因为爸爸妈妈去温州打工，将其带去温州上了 3 年学，读的小学一、二、三年级。2006 年被送回老家上学。原因是温州这边用的教材和老家用的不一样，加上父母认为迟早要回老家上初中，且老家的考试要简单些，于是干脆让她回老家念完小学。

3. 生活与学习适应方面的困难

也有些流动儿童因一时难以适应父母打工城市的生活而返回老家，如以下两个个案显示的那样。

郑唐丽，女，12岁，小学六年级学生，重庆市万州区板桥村人。6岁去广东上一二年级，一年后返乡读书。“在广东那边上学，刚开始很不习惯，都听不懂他们说什么。学校老师上课用普通话，但是下课了他们当地的学生用方言。班里像我一样的外地学生不多，大部分都是本地的同学，他们有一点排外。课业负担也重，每天都有好多家庭作业。上课不能专心听讲，经常走神，有时候还走一节课。在那边成绩很差，考试经常不及格，跟不上课。妈妈听别人说家里的学校可能会简单些，而且我年龄有点小，所以就让我回来了。我自己也愿意回来，回来降了一级开始读。我妈妈送我回来的，她等我开学就又走了。”

张恒，男，12岁，小学六年级学生，重庆市万州区长岭镇板桥村人。爸爸妈妈都在深圳打工，2007年因有了些积蓄，将他带去深圳上小学三年级。刚去深圳上学的时候不习惯，一是学校里一个同学都不认识，老师也不太关注外地学生；二是大家平时都说普通话，而不是他在老家习惯说的说四川话；三是上下课的时间也不太一样，还要穿校服；四是教材和老家的大部分都不一样，如二年级的语文书和老家的相比，就只有一课相同；五是跟不上课，考试成绩都排在后面。因为成绩不好，学费也很贵。张恒跟妈妈提出回老家上学，妈妈同意了，因为觉得在那边他们也没有时间照顾孩子，还不如回来有爷爷奶奶照管。于是他的爸爸找了熟人的客车把张恒带回了老家。此外，在深圳生活的单调乏味也是他返回老家的重要原因。调查员在询问张恒在深圳上学的情况时，他表现得很不耐烦，甚至有一些冷漠，这从侧面反映了他对深圳那段生活怀有并不美好的回忆，因而不太愿意向人提及。父母忙着上班，他一个小孩子又不太敢自己出去玩，只能在出租屋里靠看电视打发时间，因而难免孤单冷清。他现在虽然离开了父母，穿着有些邋遢，但看得出来是真心快乐着的。

4. 经济方面的制约

经济方面的一时困难也是不少流动儿童返乡的原因。

思超，男，14 岁，浙江省文成县人。爸爸妈妈在北京经营一家超市，每年都有三四十万元的收入，家庭条件比较优越。外婆是浙江景宁人，幼年时跟随外婆长大。9 年前离开景宁与爸妈到北京。由于爸妈2009 年生意不好，并且尤为忙碌，他的成绩也有所下降，所以把他送回景宁的外婆家照顾。他周一到周五住在老师家（这在景宁当地非常普遍），只有周末才回外婆家。

（四）返乡后的总体情况

1. 返乡后的生活状况

返乡儿童在回到老家以后，约有 37.4% 表示从总体来说，“不太适应”或“很不适应”当地的生活。表示“很适应”和“比较适应”的分别为 32.2% 与 29.8% 。

表 22　返乡儿童适应情况

	频率	百分比（%）	累计百分比（%）
很适应	55	32.2	32.2
比较适应	51	29.8	62.0
不太适应	37	21.6	83.6
很不适应	27	15.8	99.4
其他	1	0.6	100.0

2. 返乡后的适应及其影响因素

一些返乡儿童表示更适应老家的学习和生活。这部分儿童往往离开家乡不久，或从小在家乡生活，有很好的同辈群体网络，对于家乡的生活方式、语言、饮食等有较高的认同。

郑唐丽，女，12 岁，小学六年级学生，重庆市万州区板桥村人。6 岁去广东上一二年级，一年后因跟不上课返乡读书。回来还适应，和同学们的关系不错，有的还是幼儿班的同学。老家用的教材和在广东用的教材，其实大部分都是相同的，有一些不同。像英语就不一样。老家的教学条件比广东那边的可能要好些，老家的教学质量要更好些，与老家学校的同学的关系也更好些。回来读书，学习成绩比在广东好多了。“老师很关心我，还说我进步大。所以更喜欢在老家上学。老家都是我认识的人，更好说话一些，他们都很好。”

张恒，男，12 岁，小学六年级学生，重庆市万州区长岭镇板桥村人。爸爸妈妈都在深圳打工，2007 年因有了些积蓄，将他带去深圳上小学三年级。因为成绩不好，学费也很贵，张恒跟妈妈提出回老家上学，获得同意，于是回到老家由爷爷奶奶照管。回到老家觉得还习惯，和爷爷奶奶相处得一般，有时候也挨骂。不满意的是爷爷煮的饭没有妈妈煮的好吃。回来以后就没有和深圳的那些同学联系了。上学方面也比较适应，上课刚开始有些不懂，后来就好多了。和周围同学的关系很好，都是以前认识的。学校的教学条件都差不多的，教学质量也差不多。“假如现在爸爸妈妈提出让我回深圳上学，我也不去了”，他最后这样说道。

3. 返乡后的不适应及其影响因素

一些返乡学童因面临生活环境与学习环境的双重改变，需要经历外部环境与内在心理的调适，以致在双重压力下无所适从。据现有的初步调查，那些在城市出生或成长的孩子，返乡后容易被小朋友视为“异类”，受到玩伴的嘲弄；他们的学习成绩普遍下滑；他们怀念城市生活，甚至连吃的口味、说的语言都成问题。那些早已形成城市身份认同的返乡学童更是在主观上不愿主动融入当地的学校生活，其中又以那些在城市出生或从小在城市长大的儿童最为突出。而教材版本不同、教学进度、管理方式与升学机制等方面的差异，则在客观上对返乡学童的学校适应有着不可忽视的影响。

（1）生活适应问题。生活环境陡然变化，让许多孩子无所适从。一夜之间从城市人变成乡下孩子，孩子幼小的心灵抹上一层难以名状的阴影。因此，有不少返乡儿童怀念城市生活，吃的口味，说的语言都成问题。如一位9岁的重庆小姑娘就很怀念东莞，因为在那里可以经常吃到拉肠，以及日本豆腐。河南驻马店的叶媗则觉得和老家的孩子格格不入，经常受到同伴的欺负。

据调查，随父母返乡的农民工子女或多或少地存在一些心理问题，在性格上也表现为两个极端，要么是太内向，要么是太开朗。随心理落差而带来的即是学生的学习成绩下降。一些家长忽视这方面的问题，对孩子的“无理取闹”往往进行简单的呵斥和弹压，导致这些儿童的心情更加郁闷，学习成绩也难有起色。此外，大部分回乡学生从先前跟随父母，转变到现在跟随爷爷奶奶或其他亲戚，年龄差距较大，让他们觉得隔阂更深。

毛毛，女，14岁，山东菏泽人，家里还有一个姐姐。父母在山西省太原市坞城街道太行社区经营水果店多年，生意很不错。毛毛从小和父母住在太原，因为没有这里的户口，上学比较困难，所以七年前送回老家上小学，现在和外公外婆住在一起。毛毛在老家的生活有一个慢慢适应的过程。当初爸妈说要让自己回老家上学时，她挺不愿意的，但是一晃七年过去了，自己已经渐渐熟悉了与外公外婆一起生活，当初在语言、饮食等方面的不适应已经渐渐消失了，生活也很愉快。她提及自己很想爸爸妈妈、姐姐，并问我父母为什么不能回来与自己还有外公外婆一起生活，平日里自己很孤单，也总是一个人玩，有什么心里话也找不到合适的人讲，就只能憋在心底。她说，自己在老家要做许多家务活，农忙时也要帮着外公外婆下地里干活，平时洗衣烧饭，很多累活，自己要照顾到两位老人，所以抢着多干点。

蒲艳玲，女，13岁。重庆市万州区长岭镇凉水村人。因为爸爸妈妈去温州打工，将其带去温州上了3年学，读的小学一、二、三年级。2006年被送回老家上学。首先和妈妈在老家生活了一段时间，等妈妈回温州后就和爷爷奶奶生活在一起。“刚回老家的时候在生活上也还习惯。回到老家后遇到的问题，主要是小时候一起玩的朋友都有点不认识了，也没有什么话好说，然后是和爸爸妈妈分开了”。

思超，男，14岁，浙江省文成县人。爸爸妈妈在北京经营一家超市。外婆是浙江景宁人，幼年时跟随外婆长大。9年前离开景宁与爸妈到北京，由于爸妈2009年生意不好，并且尤为忙碌，他的成绩也有所下降，所以把他送回景宁的外婆家照顾。紧张的同学关系是思超现在最不开心的事。他在景宁跟新的同学相处得并不好，觉得同学们有小团体主义，完全漠视他，而以前在北京时大家热衷的游戏在这里并不受欢迎，所以跟同学们也没什么共同的话题。他觉得自己既不算农村人也不算城里人，一年来他都孤单地度过，一个人去上课、放学回老师家，一个人在学校吃饭，平时的锻炼时间也是一个人待着。环境的突然改变让现在的他多多少少有些自闭，他已经不愿意让陌生人走进自己的世界了，当问起他有没有跟爸妈说过这些问题时，他说提过一次，爸妈说他去学校是读书的，又不是去交朋友的，哪来这么多的事。从那以后，他就再也不愿意说了。在思超的身上，存在着深深的返乡后遗症——他无法融入一个新的环境，虽然他小时候是在景宁长大的，但对景宁已不存在什么认同感，因为他对这里并不熟悉，9年的时间，已让他对北京有着更深的眷恋。

常轩，男，14岁，河南内乡人。父母在浙江省余姚市阳明街道丰南村打工，2008年跟随父母来浙江念书，就在附近的一所民工子弟学校育红学校读初中。因父母觉得还是老家学校的教育质量好，正考虑下学期将其送回老家上学。常轩的爸爸说儿子的自控能力比较弱，常常忍不住要去网吧玩游戏，所以担心回老家后就没人管得住了。

不过，经过一段时间的调适，返乡儿童的人际关系有着明显的改善，表示与同学、邻居等的关系“很好”与“比较好”的儿童均有显著的增加，表示“不太好”或“很不好”的则大幅下降。

表 19　返乡儿童初始人际交往情况

	频率	百分比（%）	累计百分比（%）
很好	46	26.0	26.0
比较好	51	28.8	54.8
一般	52	29.4	84.2
不太好	19	10.7	94.9
很不好	9	5.1	100.0

表 20　返乡儿童现在人际交往情况

	频率	百分比（%）	累计百分比（%）
很好	58	32.8	32.8
比较好	69	39.0	71.8
一般	40	22.6	94.4
不太好	8	4.5	98.9
很不好	2	1.1	100.0

（2）学习适应问题。不少学校在测试中都发现很多返乡学生表现不佳。有些学生原来的成绩不错，但面临着不同教材的尴尬，给学习成绩带来不同程度的影响（黄美玲，2009）。原因有两种。第一种情况，有的返乡儿童曾在城市接触过较好的教学资源，回乡后对家乡的办学条件不满意，因学习环境的改变、想念父母等因素影响，学习兴趣不浓厚，从而产生厌学、弃学想法。第二种情况，有些返乡儿童在外地上的是民办的民工子弟学校，其教学水平、管理方式，与内地的公办学校存在一定差距，回来后难以跟上原籍学校

的教学进度，延误学业甚至留级。无论哪一种情况，都会遇到教材版本不一、教学进度不同等具有共同性的问题，从而对学习造成影响。

蒲艳玲，女，13岁。重庆市万州区长岭镇凉水村人。因为爸爸妈妈去温州打工，将其带去温州上了3年学，读的小学一、二、三年级。2006年被送回老家上学，由爷爷奶奶照顾。“回到老家上学有一点不适应，因为我在温州的教材和老家的有些不一样，他们语文学的有些课文、古诗我没有学。不过，课还是能跟得上，反正数学那些是一样的。相比在温州，回来后成绩更好一些，现在经常考班里前几名”。“和周围同学的关系与在温州时差不多，学校的教学条件也都差不多的。教学质量也差不多的，不过老家的老师感觉要好玩一些。觉得在哪里上学都差不多，不过现在在老家已经习惯了”。

思超，男，14岁，浙江省文成县人。爸爸妈妈在北京经营一家超市。外婆是浙江景宁人，幼年时跟随外婆长大。9年前离开景宁与爸妈到北京，由于爸妈2009年生意不好，并且尤为忙碌，他的成绩也有所下降，所以把他送回景宁的外婆家照顾。紧张的同学关系是思超现在最不开心的事。他觉得自己既不算农村人也不算城里人，一年来他都孤单地度过，一个人去上课、放学回老师家，一个人在学校吃饭，平时的锻炼时间也是一个人待着。也许是受情绪的影响，思超回到景宁后的成绩也没有多少起色，他当初在北京上的就是公立学校，那里有他熟悉的环境，熟悉的同学，熟悉的教材，虽然景宁的教育也相当不错，但是，他毫不掩饰地表达了自己还是喜欢原来的学校多一些，如果有可能，他还是愿意回到北京去读书。

据问卷调查，在返乡读书的儿童当中，认为回到老家上学“很不适应”或“不太适应”的约占35.8%，表示“比较适应”或“很适应”的占61.2%。

表 21　返乡儿童适应家乡学校情况

	频率	百分比（%）	累计百分比（%）
很适应	48	29.1	29.1
比较适应	53	32.1	61.2
不太适应	44	26.7	87.9
很不适应	15	9.1	97.0
其他	5	3.0	100.0

他们最看重的是学校的教学质量，占45.6%，其余依次为同学关系（19.4%）、管理方式（12.5%）、教学条件（11.9%）、所用教材（3.8%）、地理位置（3.8%）等。

表 22　影响返乡儿童适应学校因素

	频率	百分比（%）	累计百分比（%）
教学条件	19	11.9	11.9
教学质量	73	45.6	57.5
管理方式	20	12.5	70.0
同学关系	31	19.4	89.4
所用教材	6	3.8	93.1
地理位置	6	3.8	96.9
其他	5	3.1	100.0

影响学习适应的因素很多，其中课程教材、教学条件、教学质量、管理方式、同学关系、师生关系是最主要的因素。被调查的返乡儿童中，有43.3%表示两地的教材大部分不同或完全不同，而表示老家的教学条件相对较差（39.0%）、教学质量相对较低（33.3%）、管理方式相对较落后（34.8%）、同学关系相对较差

(20.3%)、师生关系相对较差（19.1%）的返乡学生也有相当的比例。

综合起来，更喜欢外地学校的儿童（35.8%）要比喜欢老家学校的（27.6%）为多，还有32.9%的表示差不多或不好比较。

表23　返乡儿童对学校的偏好情况

	频率	百分比（%）	累计百分比（%）
外地的学校	48	35.8	35.8
老家的学校	37	27.6	63.4
差不多	32	23.9	87.3
不好比较	12	9.0	96.3
其他	5	3.7	100.0

调查显示，农民工最担心的是孩子的教育问题。因此，对于返乡学童的父母来讲，其子女的受教育问题能否获得有效解决，也将在很大程度上影响其外地务工或返乡就业、创业或再次流动的行为选择，并直接影响到我国人口的长期有序流动与新农村建设。中西部地区因是农民工的主要输出地，相应的返乡儿童也最多。这些儿童返乡后，由于当地与其流入地的基础条件差异较大，所带来的影响更为显著。

由于2009年春季开学以来，返乡适龄儿童入学的问题逐渐凸现，中央及各省推出了一系列相应的政策。2月20日教育部发布通知，要求各地教育部门按照就近入学的原则，安排义务教育阶段返乡农民工子女入学，要足额落实返乡农民工子女的各项教育经费。从政策层面来看，虽然教育部和相关省市已推出了一些临时政策来应对返乡农民工子女的教育问题，但都事出仓促，问题不少，亟需进行再探讨。

（3）亲子关系问题。返乡对于家庭亲子关系的影响主要表现在独立返乡儿童身上。生活环境的突然改变导致的无所适从、轻微的自卑与孤僻，是这些孩子身上的共同特征，反映在亲子关系上，就是对亲代思念的日渐增加。

流动儿童在习惯了与父母生活的情况下回乡生活，最不能适应的是与父母分开。父母与孩子之间彼此思念，父母对孩子的关心焦点也逐步由学业转向生活。随着时间的推移，亲子间的疏远感加强。距离与亲子关系的疏密程度呈抛物线发展趋势。起初，非常近的距离使两代人看不到彼此存在的重要性，日常矛盾较多，但孩子返乡带来的距离感反而拉近了父母与孩子们彼此心灵之间的距离，然而，随着分离日久，亲子之间会逐渐产生陌生感，心灵隔阂慢慢衍生。

据问卷调查，在返乡的开始阶段，针对“你回到老家最不适应的是什么”的问题，除了21.0%的表示都能适应以外，35.2%的选择了“没有好伙伴”，其余依次是“日常生活”“学习”“饮食”“与妈妈分开”“与爸爸分开”。

表24　返乡儿童初始不适应方面

	频率	百分比（%）	累计百分比（%）
饮食	16	9.1	9.1
学习	17	9.7	18.8
日常生活	25	14.2	33.0
没有好伙伴	62	35.2	68.2
与爸爸分开	3	1.7	69.9
与妈妈分开	11	6.3	76.1
没有，都能适应	37	21.0	97.2
其他	5	2.8	100.0

经过一段时间的调适后，表示都能适应的上升到30.3%，回答“没有好伙伴”的下降到13.7%，选择“饮食”的下降了一半左右，在“日常生活”与“学习”两个方面则变化不大。值得注意

的是，表示最不能适应的是“与妈妈分开”或“与爸爸分开”的返乡儿童增加了近两倍。

表 25　返乡儿童后期不适应方面

	频率	百分比（%）	累计百分比（%）
饮食	9	5.1	5.1
学习	19	10.9	16.0
日常生活	27	15.4	31.4
没有好伙伴	24	13.7	45.1
与爸爸分开	8	4.6	49.7
与妈妈分开	28	16.0	65.7
没有，都能适应	53	30.3	96.0
其他	7	4.5	100.0

然而，如果这种对父母的思念长期得不到满足，久而久之，往往会导致亲子交流的日渐淡漠和亲子感情的日渐疏远。而以思超为代表的家境稍好的家庭，父母又常常因为亲情上的愧疚而采用“物质上放任”的态度，对孩子的内心世界关注得过少，没有充分地重视学龄期孩子的情感需要，这对孩子的身心成长都是极为不利的。

哥哥俊丰，16 岁，弟弟俊收，6 岁，来自河北邢台，父亲 44 岁，母亲 40 岁，现在山西省太原市三条街道西辑虎营社区共同经营一家五金店。因忙不过来，2010 年初两个孩子被送回老家与外婆生活在一起，父母平时只能偶尔用电话关心一下。俊丰在老家上中学，弟弟还没上学。一放暑假，哥哥便带着弟弟迫不及待地来到太原和父母团聚。暑假结束后，俊丰要回去上初中，而妈妈想把俊收留在太原上幼儿园，一方面是想让他接受好的教育，另一方面是舍不得孩子离开身边，她发现虽然只相隔了半年，孩子在她面前的话就已变得较之以前少了，小儿子总喜欢黏在哥哥身后，和自己的亲近度远不如从前了。但又担心自己照顾不过来，心里一直很是矛盾。

蒲艳玲，女，13 岁。重庆市万州区长岭镇凉水村人。因为爸爸妈妈去温州打工，将其带去温州上了 3 年学，读的小学一、二、三年级。2006 年被送回老家上学。首先和妈妈在老家生活了一段时间，等妈妈回温州后就和爷爷奶奶生活在一起。“爸爸妈妈差不多一周打一次电话，回来以后都没有和温州的那些同学联系，但是我去温州的时候还是会找他们玩”。

思超，男，14 岁，浙江省文成县人。爸爸妈妈在北京经营一家超市，每年都有三四十万的收入，家庭条件比较优越。外婆是浙江景宁人，幼年时跟随外婆长大。9 年前离开景宁与爸妈到北京，由于爸妈 2009 年生意不好，并且尤为忙碌，他的成绩也有所下降，所以把他送回景宁的外婆家照顾。他周一到周五住在老师家（这在景宁当地非常普遍），只有周末才回外婆家。思超有自己的银行卡，父母每月都给他汇一笔钱，为了安抚他独立返乡，父母给他买了一部近三千元的手机。可这些似乎并没有改善他与父母的关系，时至今日，他仍然不满当初父母的安排。而这种不满，由于长时间不能见面而渐渐堆积，现在他也不想去跟父母提起。沟通不畅是思超与爸妈关系中最大的问题。思超约半个月与爸妈联系一次，或有事才联系，一个电话最多两分钟就讲完了。极端不满的事他会说出来，但是很多事他都觉得不说也无所谓，因为爸妈不会理解，他也不想解释。他跟爸爸还算有点共同话题，比如聊球赛，但跟妈妈就没话说了，觉得不知道说什么好。并认为妈妈比较“专制”，常常不允许他干这干那的，让他非常不满意。而他爸爸妈妈似乎没有意识到这个问题，他们觉得男孩子本来就跟爸妈没什么话好说。环境的突然改变让现在的他多多少少有些自闭，他已经不愿意让陌生人走进自己的世界了，他跟爸妈提过一次这样的问题，爸妈说，你去学校是去读书的，又不是去交朋友的，哪来这么多的事。从那以后，他就再也不愿意说了。

（4）小结。概而言之，返乡儿童主要面临着亲子关系、生活适应、学习适应三个方面的问题。其中随家返乡流动儿童的总体适应较好，独立返乡流动儿童的总体适应相对较差，表明亲情支持对于儿童适应具有相当显著的影响。儿童自身的年龄、在外生活的时间长短、返乡前后所生活地区的经济差异程度、生活习惯差异程度、教育质量差异程度、有否类似经历的同伴等因素也是影响儿童总体适应的重要因素。

（五）返乡儿童的意见和呼声

1. 儿童的意愿

王毅杰、刘海健（2008）在南京进行的问卷调查发现，2056 份有效样本中，有 50.9% 的流动儿童“今后想留在城市生活”，只有 10.3% 不想留在城市生活。主要原因是不愿离开父母，认为回老家读书怕影响前途，同时担心玩伴、老家生活方式以及没有电脑玩等（全国妇联儿童工作部，2011）。但也有一些流动儿童乐意回到家乡，明达小学六年级的熊晓蓉就说道，“那里朋友多，环境也熟悉”。

我们所做的问卷调查则显示，37.6% 的儿童对于父母让其返乡的决定表示“很有意见”或“有点意见”，这部分儿童中以独立返乡者居多，表示“比较理解”和“非常理解”的分别有 27.7% 和 21.4%，这部分儿童中以跟随父母返乡者居多。另有 13.3% 持无所谓的态度。

表 26　返乡儿童对返乡的态度

	频率	百分比（%）	累计百分比（%）
很有意见	40	23.1	23.1
有点意见	25	14.5	37.6
比较理解	48	27.7	65.3
非常理解	37	21.4	86.7
无所谓	23	13.3	100.0

常轩，男，14 岁，河南内乡人。父母在浙江省余姚市阳明街道丰南村打工，2008 年跟随父母来浙江念书，就在附近的一所民工子弟学校育红学校读初中。因父母觉得还是老家学校的教育质量好，正考虑下学期将其送回老家上学。常轩说，很喜欢在这里和爸妈一起生活，虽然地方小，但是还是一家人在一起比较好。对于要回家，常轩也觉得应该到好点的学校念书。常轩说，他对英语比较感兴趣，但是学校教得没什么意思，所以想好好学，以后学得很好，可以说得很好。

2. 儿童的呼声

一个普遍的强烈愿望是重新与父母生活在一起。为了实现这一目标，他们希望政府和社会能为他们建设更好的民工子弟学校或者当地学校能降低门槛，让他们能回到父母所在的城镇完成学校教育。

毛毛，女，14 岁，山东菏泽人，家里还有一个姐姐。父母在山西省太原市坞城街道太行社区经营水果店多年。七年前被送回老家上小学，现在和外公外婆住在一起。对于跟爸妈平日里的联系，毛毛也说是很少的，她本来很想对爸妈说点什么，说自己在学校里表现很好、受到表扬啦，说小伙伴们欺负自己了，说今天生病了，等等诸如此类的话，可是都不能与爸妈说，于是自己也就渐渐地不愿与他们交流，甚至有时候会抱怨他们不来看自己，学习上不能专心，更没有人督导自己。她说自己痛恨迢迢的山水，阻隔了自己与家人，甚而也切断了他们之间浓浓的深情。她说希望自己能够快快长大，有能力和父母住在一起。

思超，男，14 岁，浙江省文成县人。爸爸妈妈在北京经营一家超市。外婆是浙江景宁人，幼年时跟随外婆长大。9 年前离开景宁与爸妈到北京，由于爸妈 2009 年生意不好，并且尤为忙碌，他的成绩也有所下降，所以把他送回景宁的外婆家照顾。他觉得自己既不算农村人也不算城里人，一年来他都孤单地度过。虽然景宁的教育也相当不错，但他毫不掩饰地表达了自己还是喜欢原来的学校多一些，如果有可能，他还是愿意回到北京去读书。

第五节　童年期留守经历与家庭流动决策

从前文的分析来看，流动人口家庭的亲子关系具有许多影响因素，且这种影响不是暂时的而是深远持久的。我们于 2017 年 7 ~ 8 月对有留守经历的成年人进行了一次调查。虽然没有特意对其亲子关系进行调查，但在访谈中，我们发现许多被访者提到自己的孩子或者未来自己的孩子时提出了比较有趣的行动意愿。在本部分内容中，我们将根据 2017 年 7 ~ 8 月的暑期 31 份不同地区的访谈资料，对具有留守经历的人会选择如何安置孩子进行一个简单的分析，以期了解童年期的留守经历对于其成年后的家庭流动决策是否产生影响。

一、总体描述

本次访谈的主要问题包括被留守的原因、具体的留守经历及感受、留守的影响、留守期间受到过的帮助、如果自己有了孩子会采取何种家庭流动模式等。本部分内容主要根据最后一个问题的回答整理。

首先，我们对这 31 份访谈中的相关信息作了归纳统计，具体结果见表 27。对于孩子的相关决策大致可以分为“将子女带在身边”“视情况而定”以及“让子女留守”这三类决策。从表 27 可以看出，将近 60% 的人选择了希望把子女带在身边，有 16.1% 的人认为要视情况而定，当然还有 25.8% 的人作出让子女留守的决策。

表 27　家庭流动决策意向

	频率	百分比（%）	累计百分比（%）
子女带在身边	18	58.1	58.1
视情况而定	5	16.1	74.2
子女留守	8	25.8	100.0
总计	31	100.0	

不同决策背后隐含了决策者不同的身份、不同价值取向等因素。由于并不是所有访谈都包括了被访者的收入、家庭背景等信息，因此这里只是较为粗略地从被访者的性别、婚姻、生育情况出发来分析其相关性。从表 28 的统计结果可以发现，女性、未婚、无孩子的人比起男性、已婚、有孩子的人更倾向于作出将孩子带在身边的决策。这里或许可以反映已婚已育的对象考虑该问题已经不再是从假设出发，而是基于其本身的实际情况，更为现实的因素让他们不能理想化，而男性比起女性又更偏向于理性思考。对于具体原因的分析将在下文展开。

表 28　不同身份者的家庭流动决策类型

		决策类型		
		子女带在身边	视情况而定	子女留守
性别	女	68.8%	18.8%	12.5%
	男	46.7%	13.3%	40.0%
婚姻情况	未婚	63.6%	13.6%	22.7%
	已婚	44.4%	22.2%	33.3%
有无孩子	无	60.9%	13.0%	26.1%
	有	50.0%	25.0%	25.0%

二、有留守经历者的子女随迁决策分析

有意作出将孩子带在身边这一决策的被访者通常都具有较为坚决的态度。对于他们而言，作出选择或许不是一件简单的事，但他们同样认为这是一件对于自己的孩子、对于自己的家庭、对于自己都足够正确的事情，因此他们表现得坚定而不动摇。

刘先生籍贯浙江温州，今年24岁，未婚，与父母亲居住在一起。刘先生家里父母亲感情良好，但是刘先生自己和父母亲的关系比较一般，没有那么亲密也没有那么疏远，但是平时心里的事情很少和父母亲交流，而往往会选择去和自己的朋友交流。刘先生的工作经历丰富，从高中刚刚成年的时候就开始了暑假工这样的工作，之后还经历了自己创业。现在刘先生从事着一份在电子器具厂的工作，工作比较稳定。刘先生的留守经历是从3岁开始的，一直持续到了小学毕业，之后就外出学习了。在面对会如何处理自己孩子留守的问题上，刘先生态度坚决，他说："我肯定会带在身边。无论有多大困难都会带在身边，不会让孩子离开我们，也不会让他感觉到孤单。"

海林（化名），21岁，女，广东省茂名信宜人，农村户口，现就读于广东广州天河区某专科学校的商务英语专业，大一升大二（复读一年），家中排行老大，有两个弟弟。她出生两个月后跟爷爷奶奶在农村老家生活学习，小学随爸妈去深圳读书生活，小学五年级回老家的县城居住生活，初高中一直由母亲陪伴在老家县城读书。父亲是本地人，母亲是四川人，两人在深圳打工时认识并结婚。父亲一直与别人合伙开手袋厂，母亲跟随父亲一起在手袋厂工作，直到海林上学，母亲又有了二胎后才专职照顾家庭。到了海林五年级，母亲带着她和大的弟弟回老家的县城生活读书，父母两地分居，后来两人离异，母亲在县城做瓷片生意。当问及以后如果有孩子，面临同样情况时，海林则表示"一定跟自己，即使生活条件不太好，毕竟是自己孩子，想要见证自己孩子的成长"，其态度十分坚定。

小婷，1996年出生，女，广东省茂名市怀乡镇人，现就读于广东省深圳大学英语师范专业，大二升大三（2015年高考），家中排行第二，哥哥比她大五岁，妹妹比她小三岁。小婷的留守经历稍微有点特殊。在她刚出生时，由于父亲外出打工，哥哥年龄尚小，母亲无暇照料，于是把她送到外婆家生活。小婷对于如何对待自己的孩子的问题回答得特别坚决：肯定会带着，无论怎样，不想要孩子离开自己。她认为人们之所以把孩子留在家乡肯定是迫不得已的，没有人想要离开自己的孩子。

上述个案中刘先生的经历和态度很典型，他愿意创造条件排除万难，也要将孩子带在身边，陪伴孩子成长的每个时刻。这是为人父母最为动人的情感，不能不让人动容。

在访谈中，我们也发现促使被访者作出子女随迁这一决策的原因是多种多样的。具体来看可以分为以下几种：自己过往留守经历的影响；害怕孩子孤单；已经成了新城市居民没有压力。

（一）过往留守经历的影响

首先须明确这部分人群对于留守有什么样的感情。从某种意义上来说，他们固然从留守中学会了独立和坚强，但同时也感到悲伤，这种忧伤从他们儿童和青少年时期就一直存在，伴随着他们到成年，甚至影响着他们对于自己照顾下一代的做法。

陈小姐，籍贯浙江温州，家中一共三人，育有一子。目前从事着一份外贸行业的工作，居住在老家，孩子带在身边。陈小姐从小就开始了留守的生活，开始记事以来父母基本上每年就回来那么几天。一开始是姨妈带，之后被外婆带，再后来一直被奶奶带，父母亲基本上就没有带过。父母亲一开始的时候只有过年的时候回来，在家里待几天就走了，直到初中的时候才会有时候暑假因为生意比较淡的原因，会回来一趟，待的时间稍微久一点，一年也就见两次这样子。陈小姐的丈夫是相亲对象，这使得陈小姐认为自己的婚姻并不是那么幸福，但是丈夫为人还不错，整体生活还算得上基本满意。有了孩子之后开始意识到生活并不是那么好，希望能够有更好的生活条件。在会不会也把自己孩子留守在老家这个问题上，陈小姐态度坚决，她表示不会和自己的小孩分开，不管怎么样都会把他带在身边。陈小姐说："也主要是因为自己小时候父母不在家，那这方面就会特别得（在意），因为我知道那种感觉很不好嘛，那我就觉得我不应该让自己的小孩子再重新经历那种感觉，所以，我不会让他交给爷爷奶奶带，我都是自己（把孩子）带在身边的。"而且陈小姐认为，上一辈的观念和他们这一辈不一样，她认为小孩应该和父母生活在一起的，哪怕生活条件差一点，就算她以后外出工作，她也会尽量把孩子带在身边。

林小姐，籍贯浙江温州，27 岁，已婚，育有一子，现在和丈夫一起生活在杭州，孩子今年刚满一岁，带在自己身边。林小姐现在从事着一份在教育机构当老师的工作，自己对工作比较满意，有着比较优越的收入，但是长期上来说这份工作并不适合自己。林小姐从 4 岁便开始了自己的留守生活，一直持续到了 18 岁成年。林小姐在留守期间和自己爷爷奶奶关系十分亲密，相对来说对待父母的感觉就比较淡漠。林小姐现在家庭关系和谐，幸福美满，对于自己现在的一切都比较满意。林小姐脱口而出的便是："像我的儿子，我肯定会放在自己身边，因为我就是留守儿童，所以我不会让我儿子也成为留守儿童。"林小姐是一位十分重视孩子教育的母亲，无论是学识上的教育还是心理上的教育，林小姐都十分重视。所以在讨论不得不将孩子留在老家的情况时，林小姐最首要考虑的也是孩子在老家受到的教育的问题。而且，林小姐十分尊重自己孩子的看法，她说："如果孩子到了高中了，快成年了，那么他自己会有意识，那个时候我会和孩子协商，如果孩子自己认同的，能够接受待在老家的话，我才会选择把孩子送回老家。"

小霞，1997 年出生于湖南衡阳市衡东县。初三起在长沙就读并寄宿，在衡东县的农村老家，她经历长期和奶奶共同生活，而父母外出务工的时期。小霞表示面临相同情况，肯定会选择和孩子在一起，陪伴孩子成长。因为小霞表示，家庭环境对孩子的成长影响很大，她希望能够陪在孩子身边并且好好照顾他们，给他们完整的父母的关爱和美好的童年。她表示正是因为自己感觉没有受到充分的父母的爱，所以并不希望孩子会受到同样的伤害。当然这并非只是留守经历的原因，更源于父母对自己的态度，重组家庭的经历以及自己后来长期在外流动并打算在外地长期发展，更失去和他们再修复关系的可能。而至于是自己不外出还是带孩子外出，小霞表示父母并没有带孩子外出的条件，但是现在的自己肯定希望能够找到稳定的工作在大城市发展，并培养自己的孩子。小霞并不避讳她认为留守期间父母关爱相对缺失和关系的冷淡，尽管上述分享留守经历时她表现出对父母的充分理解甚至仿佛感到轻松喜悦，而内心深处却也许留下伤害和阴影，因此她坚定地希望在孩子身边陪伴孩子成长。同时她通过自身努力取得较好的发展前景，也有实力和希望去守护孩子的未来。

小杨（化名），男，目前就读于吉林大学历史专业，大三，广东省茂名市信宜市茶山镇人，农村户口，家中排行第三。小学在家乡的学校就读，初中在隔壁镇学校就读，高中成绩优秀考入县级市最好的高中进入重点班。小杨家中包括他在内有三个兄弟姐妹，一个哥哥，一个姐姐。在他还没有读小学的时候，父母均不在身边，小杨由爷爷奶奶照顾。那时，母亲在外省工作（具体不清楚），父亲在家乡的县城工作。在他五岁时，父亲外遇，父母尝试离婚但仍未正式离婚，七岁时父母矛盾加深，母亲回家照顾他，父亲在外，工作地点不定。当他读高中时，因为学校是寄宿学校，他又是家中最小的孩子，母亲就再次外出打工，工作地点在惠州的工厂里，父亲则在县城工作，和情人住在一起。在问及将来如果有了自己的孩子时，小杨说道："尽量会带在身边，因为自己有经历过留守，所以有了解个中艰辛，肯定是希望能够避免的。而且，作为父亲，我是希望能够和后代有感情的，如果是经济问题的话是可以克服的。

留守不是一件好事来的。”能看出，小杨在童年这段留守经历对他来说是产生了很大的负面影响的。

以上四个案例的被访者有一个共同点，即在其过往的留守经历中并不愉快，与其父母之间的亲子关系也不怎么良好。无论是陈小姐所说的“那个感觉并不好”，还是林小姐总感觉“和父母感情淡漠”，还是遭遇过父亲出轨和留守打击的小杨，他们无一不觉得留守对于他们个人是不好的回忆，不应该让自己的子女再重新体会一遍。这种情况并不让人惊讶，但同时也让人满怀感慨，在青少年成长过程中父母角色的缺失造成的影响不是短期的，它对于父母与子女之间亲子关系的作用是持久的，尤其是负面的影响很可能影响着个体成长的价值取向。

曾经的留守生活体验，能够促使被访者作出“将子女带在身边”的决策，这固然是好的。但是只要想起这种决策背后隐含的被访者充满悲伤无法自赎的留守经历，这种决策本身也有了一定的悲哀色彩。并且由于留守经历中父母的缺位，他们并没能形成一个良好的父母印象，那么他们自己是否能够成为一个好的父母角色，这恐怕还是值得商榷的。

（二）为了孩子的成长考虑

留守经历让这群人对自己的生活有了更多思考，无论是对于婚姻、对于家庭、对于子女。虽然过往不愉快的偏向负面的留守经历会使他们更倾向于做出把子女带在身边的决策，但事实上即使从其自述中并没有发现留守经历的不良体验，被访者也有可能作出相同的选择。这其中的原因，正是由于过往留守经历让他们相较于没有过相同经历的人群能够更加深层次地体会家庭完整性对于子女的重要性，因此，他们更愿意付出更多的时间在家庭上，或者更愿意创造更多和子女的相处机会，来保证孩子的健康成长。

以下的案例就是一个典型的例子。

刘小姐，1986 年出生于湖南邵阳。她现在在小学担任数学教师，和丈夫以及孩子住在外地。她的成长过程主要接触家庭成员有外婆与三姨妈，分别负责其日常生活起居和学业。外婆为农民，文化程度为小学三年级。为人也较为精明，但对外孙耐心疼爱且不轻易发脾气。三姨妈因学习优秀考取中专，毕业后成为农村地区小学教师。做事风格果断能力很强，热情且认真负责。但性格急躁容易出言伤人不顾情面。在面临和父母相同情况时，刘小姐指出她自己肯定不会外出……她觉得自己作为母亲，也舍不得也不放心丢下孩子常年不能回来。更重要的是，站在孩子的角度考虑，她表示留守的经历让她更深地体会到，缺失父母的关爱终归有所欠缺，父母不仅应该陪在孩子身边，还应该尽力亲自照顾关心他们。做父母的并不仅仅是有血缘关系那么简单，在成长过程中付出守护才是更加重要的。无论对自己还是孩子而言，珍贵的感情都是在外多挣点钱换不回的。二姐的回应体现着她对外出而让孩子留守的充分抗拒，这既符合她现实生活的选择和对家庭陪伴的重视，也或许反映了留守经历带给她的内心伤害。

从刘小姐的叙述中可以发现，对于她而言，过去的留守经历或许不痛苦，和父母的关系也没有那么糟糕。但她仍然不愿意离开自己的孩子，而是希望能够长久地陪伴在孩子的身边。她自己认为是留守经历让她更加深刻地体会到父母的关爱对于孩子来说是不可或缺的。对她来说，父母也绝对不仅仅是一种血缘联系、一种符号、一个概念，而是需要事实上的陪伴。她着重强调了一个词语“守护”，并且指出守护孩子的成长这一行动才是最为重要的。显然，作为一个刚刚 31 岁的年轻人，她的观念与许多和她同龄的人是不一样的。

在市场化思维遍布各个角落的今天，许多年轻人将自己的事业作为实现自己人生价值的关键一步，而常常忽略了家庭尤其是子女。我们不能说这种做法和观念是对是错，因为每个人的选择都是不尽相同的。但值得我们注意的是，在父母平衡不了事业和家庭的情况下可能会产生的不良后果。在疲于物质社会的倾轧、忙于对功名利禄的追求、疲于为人生理想奔波的旅程中，子女们应被谁照顾呢？是自己，是父母，还是委之他人？如果没有办法能够找到家庭和职业的平衡点，陪伴子女的时间仍然是微薄而可怜的那部分，那么随迁的孩子和留守儿童区别何在呢？前文我们已发现，陪伴时间是作用于流动人口家庭亲子关系的一个非常重要的因素。陪伴的重要性是毋庸置疑的，只是许多人没能够真正做到罢了。

其实，和上文中刘小姐有相同想法的被访者不在少数。

金某，出生于浙江省临安市太阳镇，父母皆为农民。曾在上海上初中，后因为学籍等问题回到家乡临安市继续就学。由于二地教材不同等问题，难以跟上学习进度，成绩一落千丈。再之后就有些放弃的意味了，最后考上了临安当地的中等职业技术学校。毕业后经人介绍进入保险行业就职，一直工作到现在。被访者认为在当下，自己的生活现状，无论从家庭还是事业的角度上看，都是相当令人满意的——夫妻关系和谐美满，儿子4岁，身体健康活泼开朗；工作工资虽然不算很高，但压力较小，于是有很多的时间可以陪孩子和家人。……留守经历让她会更加在意自己的核心家庭的团结程度（父母在她留守时离婚了），而且会非常在意与自己孩子的相处时间。被访者就职于一家保险公司，为了能与自己4岁的儿子多相处一些，主动申请调整了自己的工作任务。现在，她每天只需要上半天的班，而且她基本上都是带着孩子去上班。原因除了上面提到的之外，被访者也透露说她认为自己作为一个女人，是难逃一些命运的。现在她的丈夫在当地乡下的一个事业单位工作，不能每天都和家人相见。而她则更多地参与到孩子的培养中去。在正式的访谈结束之后，她也向笔者表达了一些对于孩子未来的担忧，包括学籍问题和择校问题等。看得出，她对于孩子的成长可谓是尽心竭力。

栋栋来自山西省晋城市阳城县，农村出生，农村户口。他的父亲在他8岁时就出去打工，由于学历不高，就在江苏省找中介做一些临时工。父亲大概每半年回家一次，在家休息一个礼拜，过年时会在家待得久些。栋栋的母亲一直在家里照顾他，同时顾及家里的地。栋栋六年级的时候，家里有一个妹妹出生，比他小 11 岁，他平时也会帮母亲照顾小妹妹。栋栋现在在读烹饪专科的职业学校，平时会打工挣钱。家里年收入 15000 元左右（注：栋栋可能对家中的年收入没有准确的概念），基本靠父亲一个人挣钱养家。栋栋今年才刚成年，从来没有谈过恋爱，更不用说想过结婚、生孩子了。在追问下，栋栋说自己会和孩子在一起，看着他成长，因为他觉得家人的陪伴很重要，尤其是能团聚在一起。他认为，父亲外出打工是因为没有办法才做出的无奈之举，如果能待在家里挣钱，父亲一定也不会出去。栋栋觉得自己以后不会像父亲一样面临这样的困境，而能够在老家那里开家外卖店，不用再外出打工了。他希望给自己的孩子一个有父亲陪伴的成长环境。

在以上案例当中，金某的选择就是十分典型的。留守经历让她对于自己家庭成员的紧密相处有十分迫切的需求。除去与丈夫相处的时光，她也在乎和孩子的相处。显然在家庭和事业当中，她更偏向于家庭，并且选择在家庭中投入更多的时间和精力。而栋栋，作为一个并没有恋爱经历的年轻人，在此之前他并没有考虑过子女的相关事项，但是在访员的追问之下他还是作出了自己的选择，认为“家人的陪伴是很重要的”。留守经历让他能够深刻体会父母的陪伴对于孩子成长的重要性，他更愿意给自己孩子提供一个有父亲陪伴的成长环境。

但同样是为了孩子，以下两个案例的案主却有着截然不同的选择。

刘某，湖南人。成年之前一直在家里长大，12 岁父母外出，14 岁回来，16 岁父亲出去，17 岁父母双双出去打工，几乎没有见过父母。现在母亲回到了湖南老家，父亲在浙江丽水当机修工。一家很难见面。被访者跟现在的配偶是经工友介绍认识的。在相遇一年后，即 2016 年 2 月份结婚，现在的孩子诞生于当年 6 月。令我颇为惊讶的一点是，问卷上有一栏是问被访者是否有恋爱经历。他填的是否。可能在他看来，奉子成婚的行为并不能算是恋爱吧。不过就他自己说，他觉得现在和妻子的关系还是非常融洽的。虽然访者从侧面了解到，他前几天刚刚跟妻子吵得不可开交。被访者的回答是让孩子和妈妈住在一起。因为要考虑到他一般打工会去较为发达的地区，而在那些地方一般开支也比较大。所以让孩子和妻子留在生活成本较低的城市或农村会是比较理性的选择。以及流动的生活也对孩子的成长不利。

虞某。读到初二下半学期后辍学，开始工作。被访者干过各种各样的工作，从流水线工人、汽修工、服务员、保安、售楼经理……丰富的工作经历让他在很大程度上看透了许多社会的现象。而且他说，一开始换工作可能是因为工资低或者工作环境不满意，而后来，更多地是为了体验生活和人生。被访者说如果自己和妻子一起出去工作的话，他将会选择让孩子待在老家让父母抚养。原因在于按照现状来看自己和可能需要到处去跑，而孩子由于要上学是非得长时间待在一个地方不可的。如果要转校的话，对孩子的学习和交际都是不利的。

刘某和虞某都是已经有了配偶，但未有孩子的父亲。两位都认为流动的生活对于孩子的成长和学习并无不利。这种考虑未尝不能够理解，流动人口子女的就学受其户籍的限制，一直是老大难的问题。除了面临就学难，还要面临孩子在城市生活的适应问题以及生活成本问题等诸多现实而严峻的因素。但对于孩子而言，这种选择又是否是他们想要的呢？或许更多时候关于家庭的决策还是应当站在更长远的视角进行衡量，而不是困囿于眼前。

（三）基于现实的考虑

子女随迁在某种程度上也是一个家庭的重要经济决策，因此很多人在对此进行判断的过程中更多地表现了他们的理性思考。也就是说，子女随迁这一行为决策是通过当事人对于现有的经济条件、家庭地位、人力资本以及社会资本等诸多因素的综合考虑得出的一个结果。

1. 城市新市民

阿华来自河南省信阳市息县，农村出生，农村户口。阿华的父母在他3岁时双双下广州打工，后来又去无锡打工，并在阿华14岁时在无锡买了房，在无锡安家。尽管如此，阿华还是没有和父母一起，而是在河南读完了初中、高中，并且在河南本地考上了大学，读会计专业，今年大三，只有放假的时候才会来无锡和父母团聚。阿华有一个妹妹，现在在无锡读小学。阿华对自己有孩子以后该怎么办一点也不担心，现在他们家已经在无锡落户了，他以后也会在无锡工作、成家，根本不会遇到自己外出打工、孩子留守家中的情况。他不会再和自己的父母一样遇到这种两难的状况，而是一定能够陪在孩子身边，成为无锡的新市民。虽然现在他对谈恋爱没有什么兴趣，但是到了该找的时候他会找个适合结婚的对象，跟她一起在无锡打拼，反正房子不用愁，他的压力不大。

2. 能解决的事情不是问题

小超来自山西省晋城市阳城县，农村出生，农村户口。小超从未谈过恋爱，他认为谈恋爱没有什么意思，也直言自己在30岁以前不会考虑谈恋爱或者说结婚。小超认为，他不会像父亲一样因为家里缺钱而留下妻子孩子在老家，自己出去打工，而是会先把钱挣好，有了安家立业的资本才会考虑成家。这样，他就可以和妻子孩子一起在老家，陪着她们。小超对未来的设想是，进了大学之后认真学习，把技术都学扎实了，在江浙一带挣够本钱，然后回到山西那里开一家属于自己的汽修厂，把厂子经营起来之后再找老婆，把一个家所需要的成本都攒起来，让孩子以后不用吃苦，也可以每天和爸爸妈妈待在一起。

3. 事业和家庭两不误

小王，1996年出生于湖南邵阳。小王表示，如果自己是父亲，面临相同情况，也不会轻易放下在广东的工作回邵阳，因为外地确实有更好的发展机会和工作环境。而且自己并不喜欢在邵阳这样的小城市里长期生活，如果达成理想的状态，她希望尽己所能在外地发展，让家人和孩子可以在广东立足生活。她表示这样事业就并不会平白耽误，而且可以让孩子有完整的家庭。小王的回应也许体现她的父亲在外地事业发展相对顺利，而且不同于前面去边远地区发展的案例，小王的父亲所在地经济发达，的确具有培养子女的条件，只是限于母亲事业、经济能力、政策条件等各方面限制。她的回应也从侧面反映出她日后希望在大城市扎根落户的美好愿望。

4. 必须考虑的经济因素

小邓，江西人，今年在西安上大三。通过朋友联系到他时，他很痛快地就答应了访谈的请求。问到了如果小邓面临和自己父母一样的情境时，会怎样选择这个问题，小邓首先觉得自己的条件应该会比父母那时候好一点，毕竟已经上了大学，以后找工作工资也会相对高一点。但是如果真的面对那样的情境的话，他表示自己应该也会把孩子放在老家，让自己的爸爸妈妈帮忙照料。因为不可能说刚刚二十多岁就留在家里种田，这样一年到头挣不了几个钱，别说养两个孩子，养一个孩子估计也比较困难，而且还要盖新房子什么的。就算去邻近的县城打工，那里的工资水平也普遍不高，想要家里光景过好一点那是很辛苦的。说到了这里，小邓有点激动了起来，语速也明显地加快了。“如果说把孩子带出去那也是不太现实的，毕竟你自己是出去打工的，条件也不好，都是租那种小房子住的，（如果）带出去，那教育问题呢？这样转来转去的把事情搞复杂了。要是留在家里，爷爷奶奶也会帮忙，会方便很多。”

以上的几个案例中，前三个案例都基于自己、家庭本身的经济条件等作出了愿意让子女随迁的选择，但最后一个案例却恰好相反。对于案例 1 和案例 3，或许家庭经济条件是支持被访者作出选择的重要原因。但有趣的是，对于案例 2 和案例 4，同样并不是特别优越的家境，甚至从人力资本的角度上来看，案例 2 中的小超还要劣于案例 4 中的小邓（前者是职高而后者是大学）。我们可以发现两个人截然不同的态度，一个人认为只要努力就能创造一定条件让子女与自己一起生活，而另一位却认为无论是考虑到住房还是教育与孩子一起都是极其不现实的。我们不能评判这两种观点孰是孰非，这两个选择都是基于他们自身的客观和主观条件作出的理性判断，因此必然对于自身而言都有正确性和内在的意义。但是显然，无论是哪一种观点都值得我们去思考，这两位毕竟都曾经经历过留守，对于自己的人生规划却截然不同。这其中留守经历又起到多少作用呢，在多大程度上影响了他们的选择呢？总之，我们可以发现留守经历的影响无疑是长远的，即使个体成年以后也会有重要影响，甚至对隔代的亲子关系都有一定的作用。我们必须重视这种长远的影响，毕竟这关系的可能不只是一代人的问题，更是三代人的问题。

第六节　结论与分析

各种类型的流动人口家庭及其中的儿童遇到的问题各种各样，其原因也是多方面的，既有亲代教养知识与技能的问题，也有观念的问题、社会制度与机制的问题，有些则是社会发展过程中需要付出的不可避免的机会成本。

一、问题与表现

（一）家长缺乏正确的亲子观

流动人口家庭相对较低层次的文化水平，直接影响了其家庭教育观念、能力和方法等。当问及认为自己的教养方法是否有利于孩子的健康成长时，不少家长表示从未考虑过还有其他方法，甚至还有的说学校老师怎样教就怎样做。这种情况折射出众多流动人口家庭在教育上极大的盲目性和随意性，虽然短期来看不会引发显著问题，长期上却必然对小孩的综合发展和成长造成不良影响。

（二）亲子交流方式单一

处于流动状态的亲代与子代交流的最常用方式就是打电话，据问卷调查，90% 以上的亲子交流是通过电话进行的，写信、电邮、网络视频或聊天等方式则所占比例甚少。表 29、表 30 展示的是通过对留守儿童父母的调查获得关于亲子间交流方式的统计数据。

表 29　父亲联系方式

	频率	百分比（%）	累计百分比（%）
打电话	604	93.1	93.1
写信	9	1.4	94.5
电子邮件	5	0.8	95.2
网上聊天	21	3.2	98.4
其他	10	1.5	100.0

表 30　母亲联系方式

	频率	百分比（%）	累计百分比（%）
打电话	571	91.7	91.7
写信	13	2.1	93.7
电子邮件	2	0.3	94.1
网上聊天	25	4.1	98.2
其他	12	1.9	100.0

这种亲子交流方式单一的现象，从根本上讲是由客观条件决定的。但另一方面，我们也看到，众多在外流动的亲代并未在增进亲

子关系、丰富双方交流方式上有新的尝试。比电话更原始的沟通方法有信件，比电话更先进的沟通方法有网络，电话对于流动人口来讲确实具有其他交流方式不可媲美的方便性与经济性，但因交流方式单一对亲子关系造成的不良影响，仍值得各方的关注。

（三）亲子互动内容单一

调查中发现，流动人口家庭的家长普遍重视孩子成绩的变化，轻视孩子其他方面的成长和感受。“最近考试了没？”“考得怎么样？”是留守儿童在电话里听到最多的话。这种互动内容单一现象的原因在于长期的城市生活使流动人口感受到了文化的差异，并越来越体会到通过教育获得高学历来摆脱生活困境的重要性。“万般皆下品，唯有读书高”的观念直接导致了亲子互动的内容以智力为中心，忽视非智力因素的培养，最终影响到孩子的全面发展。

根据调查，在有限的交流机会里，亲子间谈话内容多由家长主导，孩子只是被动作答。调查员在湖北某村走访的 17 个家庭中，只有 1 个家庭的小孩表示打电话时爸妈会主动问他有什么话想对他们讲。特别是有一位 10 岁的四年级小女孩，说自己很不愿意接到爸爸的电话，因为爸爸每次打电话都是问学习，她的成绩又不好，所以每次电话后都感到心里很不舒服。这种情况下，父母通过电话表达的关心不仅没能消除因家庭流动产生的隔阂，反倒可能对双方关系造成进一步的伤害。

（四）亲子交流频率较低

过长的工作时间和繁忙的工作任务，使流动人口无论在时间上与精力上都无暇顾及孩子，亲子交流的频率低是这些家庭的共同特点。以下查村为例，家庭流动成员每年探亲 2 次、1 次分别占 30% 和 70%，与家里保持电话联系每月 3 次、2 次、1 次及两月到半年 1 次分别占 18%、16%、24% 和 34%，只有少数家庭的交流频率达到每周 1 次。对于亲代的问卷调查也显示，不少分居两地的父子联系和母子联系频率都偏低。

表 31　父亲联系情况

	频率	百分比（%）	累计百分比（%）
每天生活在一起	195	29.6	29.6
每天通过电话联系	83	12.6	42.2
几天联系一次	219	33.2	75.4
半个月左右联系一次	66	10.0	85.4
很少联系	32	4.9	90.3
有事才联系	56	8.5	98.8
其他	8	1.2	100.0

表 32　母亲联系情况

	频率	百分比（%）	累计百分比（%）
每天生活在一起	282	43.9	43.9
每天通过电话联系	81	12.6	56.5
几天联系一次	167	26.0	82.6
半个月左右联系一次	51	7.9	90.5
很少联系	20	3.1	93.6
有事才联系	30	4.7	98.3
其他	11	1.6	100.0

作为父母，拼命挣钱为了让孩子过得好一点，为了让孩子能受到好的教育，这一点是毋庸置疑的，父母的确不容易，尤其是在外打工挣钱，但是很多时候父母忽略了一点，就是和孩子进行交流，尤其是精神层面、心灵层面的深层次交流很不够，使本来思想观念就有一些不同的亲子之间又增加了一些莫名的距离感。父母以为他们辛苦了孩子就能理解和体会，其实作为孩子很多时候并不能体会

很深，尤其是父母在教育、呵斥孩子的时候。

（五）亲子相互了解有限

由于上述的原因，亲子之间的双向了解往往出现问题。很多家长和孩子都反映，经过调查员的双边访谈并向他们进行反馈，亲子两代更加彼此理解了，甚至感受到了前所未有的浓浓的亲子情。

兵团的小女孩

（访谈整理：钟宇）

岑霞，新疆建设兵团七团13连初一学生，爱笑、乐观、开朗，2000年随父母从四川老家入疆。

问：首先，感谢你填写好这份问卷，现有几个问题希望你回答一下，可以吗？

答：好的。

问：请用简单的几个词描述一下你的父母，或是其中的一个人。

答：那就我妈吧。唠叨……没事找事……总以为自己是对的，老是要我怎么样怎么样的……

问：是不是觉得你母亲比较以自我为中心？

答：对！

问：刚才你列举了你所认为的母亲的几个关键词，你能举几个例子吗，比如说唠叨。

答：这个太多了。

问：就说最近一次吧。

答：最近一次……我看电视太晚了，忘了写作业然后她就使劲说我……

问：那你一般怎样对待你母亲的唠叨呢？

答：左耳朵进，右耳朵出。

问：那没事找事呢？

答：只要她看我闲着，就一定要我做什么事情，从来就没有放松过，例子好多，就不说了。

问：好吧，那就谈一谈以自我为中心的问题，你觉得你母亲在哪些方面以自我为中心？

答：她总是拿着她的经验来处理问题，其实很多观点都是旧的了，那些经验也都不可靠。

问：你是觉得你和你妈妈之间有代沟了对吗？

答：是的。

问：这种代沟可以化解或者消除吗？

答：不可能。

问：为什么？

答：她一见我就生气，我也不喜欢她的教育方式。

问：对于你的进步，你的父母有给你什么奖励吗？

答：没有，就是有有的时候也找借口给推辞了。

问：你的愿望你的父母能实现百分之多少？

答：40，多数都不能实现。

问：比如说？

答：像我要买学习机、电脑啊他们就坚决不给买，总说买了也不会学习，就是玩游戏……

问：可的确很多孩子都是拿它们当游戏机啊？

答：我父母就和你的想法是一样的……

问：你知道父母的生日吗？

答：知道。爸爸是12月22日，妈妈是5月12日。

问：能分别说一两个父母的优点吗？

答：爸爸嘛，脾气好；妈妈，心软。嘿嘿。

问：你认为你和父母产生代沟的主要原因是什么？

答：我学习不太好，在学习的问题上谈不拢。

问：有办法解决吗？

答：应该还是有的吧，我也希望有好的成绩啊。

问：你对父母的期望是什么？

答：我就希望我的母亲不再啰嗦。

访员：谢谢你接受我的访问，能给你照张相吗？

答：好吧。

在从外人的口中我知道，岑霞的父母是比较开明和善谈的，在和岑霞爸爸通电话的过程中，也发现她父母很在乎她的学习，他们之间的代沟主要产生于父母的高期望和岑霞性格的独立性。在之后对文静（岑霞的好朋友）的访谈中，文静谈到，主要是岑霞的原因导致了她们母女的不和，岑霞总是有点“懒”，才惹得她母亲生气，其实她母亲非常喜欢她，其父母待人接物也比较好。希望岑霞了解到父母的期望，能够在以后的学习中控制自己，提高自己的成绩，让父母和自己的关系得到缓和，更希望他们能静下心来好好谈一次，互相提点意见，营造比较好的家庭环境。

二、原因与分析

（一）人口流动带来的家庭动荡的影响

人口的大规模流动以及经济社会的多元化发展，使不少流动人口家庭的婚姻出现危机，夫妻矛盾加剧，家庭出现裂痕甚至走向破裂。这类问题对于亲子关系的影响是非常直接的。

调查发现，在流动人口家庭中，亲子关系受父母关系的影响尤为突出。在双亲都处于流动状态的留守儿童家庭中，亲子关系受父母夫妻关系的影响则更为显著。调查员在走访时听说了不少父母在外共同打工期间离婚的状况。家庭的离异无疑会给儿童的心灵蒙上更大的一层创伤，而据访谈，即使是那些没有离异的家庭，父母回家探亲时当着孩子面吵架或打架也早已司空见惯，可以预见的是，这种现象也将给孩子造成不可弥补的伤害，对其人格的健康发展造成不良影响。

夫妻关系的恶化在每一个家庭都可能引发教育问题，对留守儿童家庭的影响则尤为明显——一来父母的争吵使本已相对冷淡的家庭氛围更加恶劣，使孩子成长过程中更加缺少来自家庭的温暖力量的支持；二来父母将投入给家庭的有限精力集中在了相互之间的矛盾上，自然更无心于子女教育，在子女教育问题上相互推诿，不愿承担子女教育责任。

以下两个个案深刻地反映了父母离异带给子代的极大影响：

佳美，10 岁，仙桃长廊口人，父母离婚，父亲在外务工，母亲已再婚生子两年多没有音讯，现与爷爷、奶奶、大妈（婶婶）等共六口人租住在仙桃市一间不足四十平方米的房子里。佳美是在 6 岁父母离婚时近视的。其奶奶介绍说，佳美父母离婚后，她为了支撑家庭，以六十多岁的年纪到武汉某小餐馆打工，留下佳美与爷爷、刚生下堂妹的大妈生活。爷爷白天帮人架天线，晚上喝酒晚归，大妈则要照看自己的新生儿，6 岁的佳美除一日三餐外生活上完全无人陪伴与照顾，就一个人在家哭号，泪眼模糊地蹲在电视机前看电视。长此以往，就有了四百度的近视。“我爸爸妈妈离婚了……后来妈妈又结婚了，生了小弟弟，还接我去看过。”佳美说得缓慢而认真，像是在和我分享她的小秘密。佳美自己介绍，自从有了小弟弟就再没见过妈妈，对妈妈的长相也只剩下模糊的印象。但谈到父母，佳美的神情中仍显露出满满的期待。“最大的愿望是妈妈和爸爸和好后，陪我过生日。”她早已接受了父母不在身边的事实，却还不太理解其中的原因。

小宇，15 岁，吉林省通化市人，父母离婚，在艺校里学习。幼年时他一直住在寄宿幼儿园，家里没有固定的住所，在他渐渐长大之后，父母除了给钱的时候几乎就不露面了。他开始觉得，父母也许并不仅仅是为了打工，而后他发现父母早已离异并且另有家庭，他无家可归了。一次在上学的路上，他看到一间火葬场，当时正有殡车进入火葬场，他突然觉得连死人都有家可归。然后在一次学校填表格时，家庭住址一栏，他填了火葬场。很多人找他谈话，但最后他主动退学了。从此混迹于社会，定时找父母拿钱。

（二）亲代的观念问题

这方面，主要是指农村重男轻女思想的残留对女孩的影响。这在中西部欠发达的山区农村表现得较为突出。

下述个案中那位布依族小女孩吐露的“不想和妈妈在一起”的心声，就有力地表现了女孩对有着重男轻女思想的母亲的无声控诉和抗争：

罗同学，女，14岁，布依族，在贵州省麻江县景阳布依乡景阳中学读初二。父母以前在都匀打工，现在去了马场坪，主要在建筑工地干活。家里有一个妹妹，一个弟弟。“和爸爸的关系还行，妈妈对我不好。妈妈对弟弟妹妹还不错，她重男轻女思想挺严重的，所以对弟弟特别好。爸爸没有这种思想，不过因为妹妹的心理比较脆弱，所以爸爸会对她好一点。我有什么心事会告诉爸爸，但是我很怕他又告诉妈妈。我和奶奶的关系最好。爸爸偶尔会关心我的学习，妈妈以前从来不问的。但是我最近告诉了她我很想继续读高中之后，她变得比较关心我的成绩了。我的平时成绩还挺好的，年级十几名吧。其实妈妈是希望看到我成绩不好，然后以这个理由逼我不读书。妈妈不让我读书，想让我嫁人，所以不愿给我交学费。家里的钱都是妈妈在管，爸爸有因为读书的事情和妈妈吵架。现在的学费是奶奶偷偷给我的，奶奶想我继续读书。妈妈生活费也不愿给，奶奶也在偷偷给。不过奶奶要我保守秘密，绝对不能告诉妈妈。妈妈是小学毕业，文化不多，我和她想法不一样，沟通很困难。如果我说得对，爸爸会听，但是妈妈就不会。爸爸和妈妈的关系还不错，我不想他们离婚，离婚之后爸爸要找后妈，后妈对我更不好。所以我会听妈妈的话。长大后和父母分开得越远越好。不过我愿意接奶奶和爸爸过来一起住，不想和妈妈在一起。”

（三）社会制度与政策问题

由于城乡二元分割，流动人口家庭并不能与一般城市家庭一样获得相应的社会资源，这是“由于城乡二元结构与由户籍制度主导的一系列社会排斥制度将其局限于特定体制和框架内”（方巍，2008）。

对于流动人口家庭而言，子女的教育问题是家庭关注的重要问题，在诸多方面都影响着家庭决策。下列案例中，这个家庭所在地教育资源的不平衡以及优质教育资源的缺失直接影响了父母的家庭决策。

小杉是镇上该上初三的学生，母亲是木材厂的检尺员，父亲是运送木材车队的司机。小杉的父母冬季会回家上班，夏天则去外地打工，小杉在这段时间就和爷爷奶奶住在一起。

访问员：我听家里人说这边小孩上个高中费用不少啊。

杉母：嗯，这边上个好点的高中一年学费就得一万，三年下来没个四五万不行。鹤北局教育水平一般，所以都指望着小孩好好学习，往外边考啊。

访问员：那小杉在学校的成绩怎么样啊？

杉母：在她班里就是个中上等，十来名的样子。

访问员：不错啊，再努努力，考到宝泉岭一中（宝泉岭是鹤北局旁边的县，这所学校是当地的重点高中）应该不是问题啊。

杉母：唉，主要是希望她能考上免费的，这样能减少点负担。

和小杉的交流：

访问员：你现在有没有什么特别想完成的愿望？

小杉：考上免费的宝泉岭一中吧。

访问员：是不是你妈经常跟你说才让你有这个想法的？

小杉：也不算是，免费的能省不少钱，这样他们也不用老去外面打工。

访问员：行，这也算是你的动力了，好好努力。你对爸爸妈妈有什么想法没有，就是说你希望爸妈怎么做更能让你接受。

小杉：我希望我爸更关心我一点，我妈能多理解我，别老是说我。

访问员：你觉得你爸对你不够关心是吗？还是说你们相处的时间太少，想和爸爸待的时间更长点。

小杉：想和我爸能有更长的时间在一起。

（四）社会发展的机会成本问题

尽管语境不同，与“农民工”类似的流动群体的出现是世界现代化进程中的一个普遍现象。同时，外来移民作为一个人口类别，也总是被排除在许多公民的社会权利之外（Deumert et al.，2005；Motomura，2012）。如何对这一群体提供有效的保护，保障其公民权利，很多国家如英、法、德、美、日等已经探索出比较成熟的应对政策和机制（刘芳，2007）。但总体来看，社会的发展与个人生活幸福的谋求，总是要在一定的时期内付出不可避免的机会成本。我们既要看到上述的亲代教养知识技能、家庭矛盾、社会制度等方面的因素带来的负面影响，同时也要很现实地看到问题的必然性一面。

第七节　愿望与呼声

对于处于长期流动状态的流动人口家庭，亲代希望子代能够理解父母（部分亲代希望政府能够给予经济福利上的支持），而子代则多希望亲子之间多多交流沟通。对于短期流动人口家庭来说，子代则更期望和父母相处的时间多些。综合而言，大多数流动人口家庭的亲子之间期望多多沟通和彼此理解。

个人外出务工人员主要是希望能够获得更好的待遇，使家人能有更好的生活条件，孩子能够更方便地在当地上学。部分工作繁忙经常出差的则希望有专门的部门能够对孩子进行照顾，并对家长进行如何更好地辅导孩子的教育培训。以下的两个案例就较为典型地表现了孩子对于理解和沟通的需求。

浙江余姚市阳明街道丰南村一对姐妹。访问员问起姐姐将来有什么打算，打算和爸妈住一起还是自己出去单过。这个文静乖巧的女孩，看了看她的爸妈，用不响却坚定的声音说，想以后考上市里的好高中，像访问员一样考个好大学，然后再赚钱给爸妈买房子住。她很希望能和爸妈住在一起，能一家人开心地一起过日子。可见，姐姐还是希望妈妈能和自己一起生活，只是懂事的她并没有用撒娇来表达她对母亲的依恋，而是用一种对未来的憧憬来讲述她对一家人在一起的美好愿望。

陕西省西安市灞桥区 17 岁的辛凯说：我从小就对汽车感兴趣，那时候的梦想就是长大以后做一个职业车手。后来退而求其次，准备只从事一些和汽车有关的行业。起初我考虑的是做汽车销售顾问，人往高处走所以不弄；这个暑假开始“创业”，和一个小老板合作，搞一个小的洗车店，忙活了一个月，买器材，跑各个政府部门，市场调研，租场地等等，我着实下了一番功夫。但父母一开始就对我的努力不闻不问，持事不关己的所谓“中立” 态度，后来干脆挑明了反对我，直接地进行干预，每天都不停地在我耳边“规劝”我，而且一点启动资金也没有赞助我。我想他们刚开始不管我是因为想我闹不出什么名堂来吧，后来看我是认真的，所以他们害怕我引来什么经济纠纷、债务或者是要负责任，所以才去千方百计地阻挠我。他们口口声声说是为我好，可实际上，他们根本不懂我的内心，也不理解我的目标与追求。他们还把我当成是一个什么也不会、什么能力也没有的小孩子，总是习惯于把我的人生纳入他们业已形成的价值体系的轨道当中，不允许我有一点创新。所以，我的创业梦想就这样无疾而终了。我想我的情况应该算是个大悲剧了。

第五章　若干对策建议

由于我国流动人口规模庞大，相应地，流动人口家庭数量众多，类型也多种多样，由此遇到的亲子关系问题也千差万别。但性质是基本一致的，即由于流动导致了亲子间的地理区隔、心灵区隔或亲子互动的场景转换，这些都无一例外地带来了诸多有损于亲子关系正常健康发展的问题。针对这些问题，我们认为，政府、社会及流动人口家庭自身，至少可以从以下几个方面作出努力，以尽可能地消减家庭成员流动对亲子关系造成的冲击。

第一节　探索实施亲子教育的培训引导

亲子关系如何，与亲代的教育理念、教育方式等密切相关，但流动人口家庭的父母们基本上是从老人及有限的非专业学习中获得这方面的知识的，因此，这些知识往往支离破碎、矛盾重重甚至错漏百出，容易误入歧途或者无所适从。因此，通过社区性的教育培训、大众传媒的引导传递等方式，普及更符合子代心理和发展需求的教育理念和教育方法，有着重要意义。

在个案访谈中，有一户长期流动家庭给调查员的印象很深刻，因为亲代的教育方式很值得借鉴。在这个家庭中，父母很善于和孩子沟通，并且时时刻刻传达着对孩子的理解和关爱。和一般的家庭不同，他们并不在学业上给孩子太大的压力，而是给予孩子自由发挥的空间，而孩子也表现得很优秀，这算是一种良性循环。足够的宽容和理解，这是一种爱的最好表达方式，有爱的家庭，无论流动还是非流动，都会充满和谐和生动。

因此，有家长反映，希望能有机构教家长如何教育孩子。不同的家长教育孩子有不同的方法，孩子的成长才会多姿多彩，但社会应适当地通过知识讲座等方式，来指导家庭如何获得更高效的亲子交流，包括如何将家长的思想及期望正确地传递给孩子，从而让孩子真切地理解家长的想法，等等。

也有家长提出，希望有机构可以对孩子的生活、心理、学习、社会交际等方面进行关心，让他们能在远离父母的情况下体会到关爱，但更重要的是通过这种关心，让其体会到父母的辛苦，并感受到关护与疼爱，从而减少与家长的距离感。

此外，利用大众传播媒介向流动人口传播教育孩子的知识及改善亲子关系的方法，可以帮助家长建立正确的亲子观。在形式上，可以采用公益广告的形式，选择流动人口密集的场所，对流动人口家庭亲子关系的有关知识进行宣传，引起流动人口家长的重视。考虑到流动人口中电话普及率和使用率很高，也可由政府组织设立专门的电话指导热线，由专业人员组成亲子教育咨询团队，开通 24 小时的免费电话咨询热线。家长可以随时就遇到的有关亲子教育问题打电话向专业人员进行咨询，保证关于亲子教育的问题及时得到解决。此外，在移动互联高速发展的今天，通过微信公众号推送相关的知识性和宣传性文章，也是一种值得尝试的方式。

第二节　鼓励倡导面向流动人口家庭的志愿服务

经济收入水平偏低是流动人口的普遍特征。一方面，大多数人流动的原因是因为在原籍收入不高，从而选择了外出务工；另一方面，流动家庭适应新的地方需要一定的时间，需要付出一定的甚至是不菲的成本。此外，受制于长期延续并具有顽固惯性的城乡户籍的二元分割及相应的劳动力市场分割、教育和社会保险的差异性安排等社会阻隔，流动人口是一个相对弱势的社会群体。因此，在政府未能充分调整纠正种种不合理的制度安排、提供充分的帮助之前，我们应该大力鼓励和引导社会团体、企业和志愿者针对流动人口家庭遇到的亲子照顾和教养方面的困难开展志愿服务，并有针对性地推出教养知识培训和指导活动等。

这方面，已经有一些民间的尝试，如郑州这位被选为“开封市十佳母亲”的刘传真老奶奶为农民工子弟所做的志愿服务就是一个很好的例子。

“开封市十佳母亲”刘传真老奶奶

刘传真老奶奶已年过七旬，曾被评为“开封市十佳母亲”。在2010年我们调查的时候，她就已经连续9年在自己家中无偿为周围的农民工子弟提供学习场所，并给孩子们做饭，辅导孩子们学习。

走过一段狭长的胡同，我们进入了一座简陋的农家小院，院里有一座两层高，每层30多平方米的老房子。在刘奶奶家中我们看到了一群身着印有“筑梦爱心辅导站”的粉色衣服的孩子，看到了墙上挂满的各种各样的锦旗。刘奶奶和孩子们热情地接待了我们，孩子们还送给我们许多他们自己画的画。据刘奶奶介绍说这里有31个孩子，大多数是小学五六年级的学生。他们都是在附近上学的农民工子弟。有些家就在附近，父母多为打工者或者摆小摊的商贩；有些是从山东、湖北、湖南等地来的，父母在此地打工，无暇顾及子女；还有一些则是单亲家庭的孩子。

我们调研小组其他几位成员跟孩子们面对面做了问卷调查，并进行了访谈。我与刘奶奶交谈起来。

我问刘奶奶：“您是什么时候产生了义务辅导这些孩子的想法的？”

刘奶奶：“大概是9年前，我经过附近卖水果蔬菜的小摊，看到有个小孩子趴在自家摊前写作业，父母忙着做生意，周围人来人往。孩子根本无法专心学习。当时我就挺可怜那个孩子的，于是我就跟他父母讲我家有场地，我可以辅导孩子学习……开始我这里只有一两个孩子，后来这个事情传开了，我这里辅导的孩子就越来越多了……到现在已经9年了，我这里辅导过的孩子有些已经大学毕业了……"

我："这些孩子都在哪里上学，他们平时都什么时候到你这里来?"

刘奶奶："孩子们在附近的小学或者初中上学，平时他们上课，中午家里没人做饭的孩子就来我这里吃饭。下午放学或者星期天孩子们就来我这里。好多孩子家里父母打工忙，孩子吃饭学习根本顾不了。还有一两个缺爹少娘的孩子就在这里跟我吃住。"

我："您都辅导孩子们哪些方面?"

刘奶奶："由于他们多数是小学生，他们的数学、语文我还可以辅导一些，不过毕竟我只是初中毕业，又这么大年纪了，有些题目不会我就跑到附近的初中去请教那里的老师，然后再跟孩子们讲。英语我完全辅导不了，不过郑州大学的学生时常会来我这里教孩子们英语。"

我："哦，对了，刚来时，孩子们送我们的画挺漂亮的，是您教孩子们画画的吧?"

刘奶奶："是的，不过我以前也不会画画，是为了教孩子们才自学的。"

我："我看这些孩子比一般的农民工子弟听话得多，懂事得多，您是怎么教育他们的?"

刘奶奶："我教他们要懂事，要讲礼貌，孝敬父母，诚实，勤俭节约。小孩子，一般都是通过讲故事教育他们的。我给他们讲孔融让梨，教他们要谦让。吃饭的时候是缺爹没娘的孩子先吃，大孩子要让着小孩子，等孩子们吃完了，我再吃。我还教育他们不要花零花钱，不要吃零食，毕竟这些都不是好习惯，并且这些孩子家庭条件也不允许他们乱花钱。"

我："那些父母在外地打工的孩子平时会想父母吗？他们的父母常回来看他们吗？"

刘奶奶："有些父母在比较近的地方打工还是能回来看孩子的，比较远的就很少来了，孩子们想父母是肯定会的，不过他们都很听话，不会又哭又闹的。"

我："这些孩子除了学习之外有没有什么娱乐活动？"

刘奶奶："星期天或者假期，有些孩子的父母会带孩子出去玩，但是多数孩子的父母打工很忙，根本顾不上孩子。于是闲的时候，我会带孩子们去市里面的图书馆看书，带他们去公园，孩子们都很听话，排着队跟着我。但是毕竟我年纪大了，一次不能带太多孩子，也是为孩子们安全着想。"

我："您对孩子们这么好，有没有想过孩子们将来报答您？"

刘奶奶："我都这么大岁数了，能多活一天，就多为孩子们做点事吧。我跟孩子们说，等你们大学毕业了，工作了，给奶奶买包红双喜烟就行。红双喜代表孩子们成材了，他们高兴，我也高兴，双喜临门。"（据刘奶奶讲，因为多年前大儿子一时冲动伤人致死住进监狱，她受到了很大的刺激，从那之后便开始吸烟。）

我："您能给我讲讲这些孩子们的故事吗？"

刘奶奶："那个孩子叫王星（化名）"刘奶奶指了指一个孩子，我注意到那个孩子跟其他孩子不一样，他从我们来到现在一直都没有说话。"他妈妈在他很小的时候就死了，他爸爸不务正业，跑到外地，天天赌博喝酒，从不管他。我就把王星接到我这里住，他从小没有妈妈，爸爸又常年不回来，这孩子平时不哭不闹就是不爱说话。我有一天看到王星在写信，是给他爸爸写的，他写他想让爸爸回来看他，他想和爸爸一起去公园，他想有个家……看得我眼泪都下来了。但是他爸爸始终是没回来看望他，可能是感觉没脸见孩子吧，他只是托人给孩子送了些钱和其他东西。对了，他爸爸还托人给我送了两条红双喜烟，算是表示对我的感谢。他特意送红双喜，看来是王星把之前我给孩子们说的话写信告诉他爸爸了。"

刘奶奶顿了顿继续说："还有个湖北来的小女孩，有一次，我生病住院做手术，需要输血，那个小女孩听到之后，哭着闹着要把自己的血输给我，她说只要能把奶奶的病治好，把自己血抽干都行……小孩子毕竟是小孩子，我哪里用得着抽她的血……听到孩子能这么说，我感到为孩子们付出多少都是值得的。"

在访谈结束时刘奶奶请我帮她一个忙："你向孩子们了解一下，我有哪些方面做得不好，毕竟人无完人，找出了缺点，以便我改正之后对孩子们更好，我自己没法直接问他们，我问了，孩子们只会说我哪儿都好。"

社会个体、非政府组织、群团组织及其他社会力量的参与，是应对流动人口家庭的亲子教养等社会问题的优势方法，也符合"小政府、大社会"的总体发展趋势。因此，可加快孵化培育社会工作专业服务机构、公益慈善类社会组织、志愿服务组织，通过政府购买服务等方式支持其深入城乡社区、学校和家庭，开展流动儿童、留守儿童、返乡儿童等的监护指导、心理疏导、行为矫治、社会融入和家庭关系调适等专业服务。不过，这一过程中，也需要注意两大问题：一是容易各自为政，致使社会影响大、效果好、实施简单的服务被争抢，而有难度、见效慢、社会影响小的服务无人问津，出现浅尝辄止、走场做秀、昙花一现等运动式关爱的弊端；二是仅仅以道德、公益、慈善的旗帜加以号召，往往难以持久，易于沦为运动式的政治行为。需舆论引导和市场激励齐头并进，一方面积极吸纳鼓励社会力量的无偿付出，另一方面积极探索使用政府购买服务的方式方法，将基础性、关键性的流动人口家庭服务交由社会组织实施，明确各自的责权利，提高服务效率和财政投入绩效。

第三节　建设完善人口流动的社会支持制度

社会的志愿服务、社区的亲子教育培训、大众媒体的宣传倡导，可以为流动人口家庭的亲子关系改善营造良好的社会环境。但要从根本上解决这一问题，还需要从建设完善有利于人口自由流动的社会制度方面作出努力。

一、推进流动人口的定居和市民化

《国务院关于加强农村留守儿童关爱保护工作的意见》（国发〔2016〕13 号）提出了为农民工家庭提供更多帮扶支持的要求，这一要求虽然为应对留守儿童问题而提出，但对于流动人口家庭中的流动儿童、返乡儿童而言也具有同样的意义和价值。

为实现这种帮扶支持，就需要各地改革各种阻碍流动人口中的主体即农民工市民化的制度，为流动人口更好地监护照料其未成年子女创造更好条件。在这方面，国务院已明确提出了包括城镇落户、住房保障、生活居住、日间照料、义务教育、医疗卫生等的一系列制度改革的要求。如要改革户籍制度，有序推进符合落户条件的农民工及其家属落户，将符合住房保障条件的流动人口纳入保障范围，通过实物配租公共租赁住房或发放租赁补贴等方式，满足流动人口家庭的基本居住需求，等等。对于那些暂不符合上述条件的，也要给予居住、子女照料、子女上学、医疗保健、社会保障等方面的帮助。并特别强调了要改革阻碍流动人口家庭子女异地上学和高考的制度，包括公办义务教育学校要普遍对农民工未成年子女开放，要通过政府购买服务等方式支持农民工未成年子女接受义务教育；完善和落实符合条件的农民工子女在输入地参加中考、高考政策。这些都有助于从根本上改变流动人口家庭的亲子互动困境。

二、引导劳动力就地转移及返乡创业

推进农村剩余劳动力的转移一直是各级政府的一项重要工作，近年来，在东部地区产业转型升级和中西部地区经济快速发展的双重作用下，中西部外出务工劳动力显现出回流的趋势。若政府能在推进农村劳动力就地转移和引导外出务工人员返乡创业两方面作出有实质性成效的工作，协同有关方面做好农民工转移培训，农民工就既能为当地经济发展作贡献，也能更多地履行赡养抚养、家务分担等家庭责任，从根本上为改善流动人口家庭的亲子关系提供可能。

为了引导扶持农民工返乡创业就业，需要各级政府大力发展地方经济，尤其是要落实国务院关于支持农民工返乡创业就业的一系列政策措施。为做好这一工作，各地需要根据自身的条件和民众的需求，进行相应的制度建设和改革。正如国务院已经多次强调的那样，中西部地区要充分发挥比较优势，积极承接东部地区产业转移，加快发展地方优势特色产业，加强基本公共服务，制定和落实财政、金融等优惠扶持政策，落实定向减税和普遍性降费政策，为农民工返乡创业就业提供便利条件。人力资源社会保障等有关部门，也要广泛宣传农民工返乡创业就业政策，加强农村劳动力的就业创业技能培训，对有意愿就业创业的，要有针对性地推荐用工岗位信息或创业项目信息。

三、建设面向流动人口子女的支持机制

除了宏观的落户、就业、创业方面的政策支持以外，还可以从学校、社区及整个社会层面建设相应的为流动人口子女提供各类支持的体制机制。在学校层面，可以定期了解这些孩子的情况，有条件者可以采取便利的措施如 QQ 群、微信群、电话、短信、邮件等与家长保持联系和沟通，实时了解其问题、需求和动态信息。针对一些有严重问题的家庭，还可以建立“特殊家庭”档案，给予特殊关注。家庭和学校，是儿童实现社会化与知识获取的两大主要场域，两者配合协同跟进，对于改善流动人口家庭的亲子关系举足轻重。

此外，一些配套的支持制度如流动人口所在企业或单位在职工休假、子女上学和假期团聚等方面的支持，对于流动人口家庭的亲子互动来说，也具有重要意义。据我们在新疆阿克苏、乌鲁木齐、伊犁、哈密等地的调查，很多被访者都认为最珍贵的就是一家人在

一起的日子，最希望的事是可以与家人一起旅游，但因为工作的原因很多事情都无法完成。因此，如果政府、企业及其他用工单位能落实和完善职工的年休假制度，并根据流动人口家庭子女的假期时间点进行衔接，对于加强流动人口家庭的亲子交流与互动，改善其亲子关系，也具有不可替代的作用。

第四节　流动人口家庭自身需加强亲子交流

虽然政府与社会的帮助和推动，对于良好亲子关系的营造具有重要意义，但最终还是取决于当事人的主观努力。

对于流动人口家庭的亲代而言，要有意识地去关注自己家庭的亲子关系，及时发现问题，通过双方的沟通交流，努力寻找解决的方法。很多留守儿童表示最不满意的还是父母不在身边，改进与父母关系的方法是希望父母能够多关心自己，然而只是电话等言语的关心毕竟还是有些虚无，最实在的莫过于与父母在一起。但是，父母在外打工毕竟不易，将孩子带在身边，学习生活等各个方面会有更多不便，而老家又普遍缺乏劳动力岗位。这大概是导致问题产生的两个主要原因，同时也可以作为我们解决问题的两个重要突破口。在劳动力输入地区提高改善外来务工者的待遇，尤其需要帮助其解决孩子的入学等问题，同时积极发展劳动力输出地的经济，创造更多就业岗位，内部消化剩余劳动力。而在目前两种设想都还未普遍施行的情况下，最直接有效地改善亲子关系的方法莫过于父母多与孩子联系，多争取与孩子相处的时间，让孩子切身体会到并深深铭记父母对自己的爱。

父母的爱，是孩子健康成长、全面发展最重要的营养品。毋庸置疑，天下所有的父母对于自己的子女都有着深深的疼爱，但这种爱，只有被孩子感受和接收到才会产生作用。如何采取未成年人可以接受和了解的方式，让他们充分地感受到来自父母的这份亲情之爱，是所有流动人口家庭的父母们需要努力去思考和实践的。因此，对于流动人口家庭的父母们来说，在忙完了手头之事的时候，在干完活回来的时候，应该抽一点时间跟孩子聊天。孩子们往往非常渴望和父母好好谈谈，说说心里话。但这种交流，也不能开口就是问学习情况，嘱咐一定要好好学习，或者说“你知道吗，我们挣钱多不容易，都是为了你……”之类的话语。重点应该聊聊家里都发生了些什么，学校里都发生了些什么，交流自己以及孩子各自的想法。事实上，只要方法得当，即使相隔很远，爱也没有距离，就如下述个案中的妈妈与女儿的关系那样。

浙江余姚市阳明街道丰南村的一户流动人口家庭

这家共4口人，爸爸、妈妈、姐姐和弟弟。爸爸是余姚大岚人，妈妈则是贵州人。姐弟俩和爸爸住在大岚，妈妈则出来打工。……访谈人看了看姐姐，问她将来有什么打算，打算和爸妈住一起还是自己出去单过。这个文静乖巧的女孩，看了看她的爸妈，用不响却坚定的声音说，想以后考上市里的好高中，像访谈人一样考个好大学，然后再赚钱给爸妈买房子住。她很希望能和爸妈住在一起，能一家人开心地一起过日子。可见，姐姐还是希望妈妈能和自己一起生活，只是懂事的她并没有用撒娇来表达她对母亲的依恋，而是用一种对未来的憧憬来讲述她对一家人在一起的美好愿望。这样一个懂事的小姑娘，那张文静懂事的脸庞始终让访谈人难以忘怀。爸爸说，平时主要是他照顾姐弟的起居。姐姐比较大了，而且很懂事，不用他操什么心。他也表达了让妻子在外打工的担心和无奈。但是为了生活、为了保障姐弟俩今后的学习生活，他觉得有些时候也没有办法。所以，他经常在暑假或者周末带孩子过来，一家人团聚，来增进家人间的感情。妈妈对人很客气，把屋子里仅有的凳子让给了我们。她和爸爸则站在一边。这间小屋，在放下一张床之后就几乎没有什么空余之地了。睡觉、烧饭、洗衣、学习都在这巴掌大的地方。显然很少有人，特别是陌生人，让他们有机会这样讲起彼此的心情。因而，他们也被彼此的表述、女儿的表达悄悄地打动着，屋子里弥漫着亲情的味道。

此外，创造条件和渠道（如亲子板报、亲子心愿树、社区亲子乐园等），让亲子之间通过直接对话、间接留言、亲子游戏等了解各自的想法，将大大促进双方的理解，增进彼此的感情。从我们调查了解的情况来看，很多流动人口家庭的亲子之间，存在着很多误解和隔膜。如下个案就很好地说明了这一点：

陕西省安康地区白河县一家，家庭成员有三人，父、母、女儿，籍贯都系陕西省安康地区白河县，于七年前移居山西省古交市石家河村。他们全家来自陕西省白河县，亲戚全部都在老家，他们一家在这个小县城生活得也很辛苦，父母没有稳定的工作，爸爸也因为常年的工作环境恶劣而得了关节炎，身体不大好，母亲是典型的农村妇女，没见过什么世面，所以也只是能做一些家务、农务活，在邻近的饭馆当打杂工。但是当谈到孩子时，他们顿了顿，看起来像是有什么难言之隐，询问后得知是孩子比较难以管教，小学五年级的女儿，在市区的学校上学，能够接触到许许多多新鲜的事物，必定不会满足于父母为她提供的这个环境，这个不懂人情世故的小孩总在爸妈的面前提起，向他们央求什么，但是却浑然不知父母维持正常的生活已然捉襟见肘，无法满足她的这些梦想，所以势必会造成父母与孩子之间的隔阂与误解。刘爸爸说，我们实在是满足不了孩子，天下哪个父母不疼自己的孩子，有谁希望自己的孩子生活得闭塞而枯燥呢，可是心有余而力不足，孩子总会有这样那样不切实际的想法，做父母的有时候着急了便会对孩子作出一些不恰当的举动。而在对女儿的访谈中，女儿却展现了自己天真而美好的期望。她说道，如果自己长大了，会给爸爸买最好的药吃，每次见到爸爸在阴雨天抱着双腿痛苦地呻吟，但是一接到单位的报修电话却又会义不容辞、毫不犹豫地走出家门，然后直到深夜才回到家，她每次见到这样的父亲的背影总会很心疼，但却是默而不语的，暗暗地在心底许下了愿望，希望自己有能力使父亲过上好的生活。而对于母亲呢，她会给母亲买一块平坦而肥沃的土地，这样妈妈就可以安全地种地，自己就不会担心雨天因山路泥泞，母亲到后山去种菜会不安全了，妈妈可以在这片土地上种她想种的任何一种蔬菜，说着还做憧憬状。当访谈员同刘爸爸和妈妈讲了孩子的心里话，这两位已近半百的中年人眼中竟噙满了泪水，女儿也不好意思地伏在爸爸的背上，搂着爸爸的脖子，很温馨很动人。

第六章　结　语

已有的研究表明，儿童的早期经验，将深刻地影响其人格的形成与发展。研究亦表明，6～15 岁是儿童社会整合能力形成的关键时期。因此，如果儿童不能在其早期的生活中经由良好的亲子互动、家庭教养和学校教育，获得积极正面的自我认知、进行自信快乐的自我评价、培植良好的社会融入能力，或不能被所处的生活环境所接受，就会对儿童一生的心理及行为产生不良的影响。因此，我们对于流动人口家庭中的儿童所遇到的亲子互动等方面的困难和问题作了初步的剖析，希望引起社会各界更多的关注，并从社会制度改革、社会公益支持、社区民众参与、家庭能动应对等方面做出努力，从各个方面和各个层次来化解他们遇到的难题。

然而，我们也不应将这些家庭中的亲子关系尤其是儿童过度"问题化"，以避免社会的标签效应与基层政府的运动式施政倾向。标签效应会有意无意地引导相关社会人群放大负面结果，形成大众的刻板印象，影响这些儿童的自我认知和自我评价。地方政府也容易夸大问题来争取财政拨款与社会关注，部分官员甚至可能将其作为追求政绩的工具加以利用。此外，这些儿童集中的地方多是中西部欠发达地区，地方财力有限，基层往往面临着上级督促与自身经济窘迫的双重困境，在多数情况下只好应付了事，如此一来，反而不利于实际问题的解决。例如，《国务院关于加强农村留守儿童关爱保护工作的意见》（国发〔2016〕13 号）要求村居定期走访、全面排查留守儿童的相关信息并向乡镇街道报告，并为留守儿童通过电话、视频等方式与父母联系提供便利，这就并没有考虑到留守儿童集中社区的实际执行能力，可能让这些社区疲于应付，最终走向敷衍塞责。这些青壮年多数外出的空巢农村，公共服务能力严重受限，应付日常工作，或已自顾不暇。此外，该意见也要求中小学校加强沟通交流，帮助联络亲子情感，完善寄宿制学校教职工值班制度等要求，在既有条件下也将遭遇不少困难。因为人口输出地区的教师数量不足、工作任务重，很难抽出本已不多的闲暇时间完成谈心、家访、与家长联系等额外工作，学校能够支付的用于走访、通话、视频的经费也捉襟见肘。更重要的是，教师们都有自己的家庭需要照顾，要求过多的额外付出并不合理。

从政策层面来看，政府已针对流动儿童的教育问题先后出台了一系列政策措施。然而，近十多年来，在流动人口更新换代及产业转型升级的大背景下出现的大批返乡学童，则在以往的相关政策安排中都难以考虑到。虽然教育部已于2009年发布了《关于切实做好返乡农民工职业教育和培训等工作的通知》，相关省市也推出了一些临时政策来应对返乡农民工子女的教育问题，但都事出仓促，问题不少。而在户籍制度与社会保障制度改革、劳动力市场转型等方面，政府的作为还相当有限。此外，在社会公益支持、社区民众参与、家庭能动应对等方面，我们现在所做的也还不多，有着巨大的发展空间。对于这些问题，还需另文进行阐述。

本书旨在对中国流动人口家庭中的亲子关系包括其子代所遭遇的一些关键问题进行初步研究，以概要说明需要政府、社会和家庭去积极面对的问题和困难，梳理其影响因素，提出应对的思路。我们期望本书能抛砖引玉，为我国政府及教育职能部门制定增进留守儿童、流动儿童以及返乡儿童的亲子生活，促进其生活与学习适应的政策措施提供一些参考和依据，并增进社会组织、家庭和个人对他们的了解、理解与关心支持，以促进这部分“处境不利儿童”的身心发展与教育权利的实现，促进我国农村人口的长期有序流动与乡村振兴。

附录：访谈个案精选

第一节　父母访谈个案

导　读

在时代的潮流里，个人总是被卷席着，迫不得已地前进。对于无数在时代夹缝中生存的小人物而言，为了破除制度、地域的局限，他们总是要在基本的生存和完整的家庭里作出自己的选择。无数的流动人口以及流动人口家庭都有彼此各不相同的故事。被限定在流动人口这个角色里的父母们，也都或多或少有着共同的喜怒哀乐。他们或许忙于工作，太长时间没能和孩子见上一面；或许一心一意想为孩子好却老是被误解；又或许压抑着心中的想念还是得继续匆匆忙忙的生活。但无论在外是如何的艰辛困苦，他们都对子女们抱有最炽烈的感情。只是生活好似一杯老酒，味苦而无奈，总要把人催。这一节的内容展现的就是流动家庭父母们的真实故事，希望读者们能体会其中的情感。

个案1　父母爱子，为之计深远

访谈者　张　磊

【访谈时间】2010年8月20日

【访谈地点】河南省登封市

【访谈对象】一个四十多岁的男子

【访谈背景】

此被访问者是我朋友的父亲，我对他家的情况比较了解，在我朋友上小学的时候他们一家到县城来谋生，初中的时候，我的朋友又到了另一个地方去上学，自此，父母与儿子在一起的时间就更少了。

【访谈内容】

访谈者（以下简称A）：你好，请问你们家是哪里的？什么时候搬到这里的？

被访者（以下简称B）：我们家是离这里不太远的一个农村的，九几年的时候我先出来打工，后来就慢慢地把老婆孩子接过来了。

A：你们家有几个孩子？都还在上学么？

B：我们有两个儿子，一个十九了，学习不好，已经在打工了，小儿子今年十六岁，在郑州市上高中。

A：那你的小儿子在外地上学，平时多久回来一次？

B：高中学习比较紧张，他也不怎么回来。平均每个月回来一次吧。中间是每个星期往家里打一次电话。

A：你的儿子没有经常回家或者打电话，有经济方面的原因吗？

答：这个也有，毕竟来回一次需要花一定的车费，回来了也没啥事情，毕竟家里不太富裕。

B：那你们对他的学习关心吗？他会跟你们说起学习的困难之类的事情吗？

答：我最关心的就是他的学习了，孩子学习还不错，希望他高中能继续保持，考个好大学。学习上的事情，孩子基本上不跟我们说，我儿子基本上不跟家里说他自己的事情。

A：那你们跟儿子之间平时有什么冲突吗？

B：冲突也有，比如他之前不告诉我们开家长会的事情。可能是考试成绩不太理想吧，高一的时候他的考试成绩一直不是很靠前，他也不跟我们说。

A：你家孩子如果对父母有什么不满的话，他一般会怎么做？

B：对我们有不满的话，孩子一般就直接说出来了，他脾气比较倔，不服气的时候就直接说出来了，不会憋着不说，呵呵……

A：你的儿子跟周围同学的关系如何，这方面你有了解么？

答：我儿子从小就挺爱玩的，不过也基本没有影响学习。经常和朋友出去打打篮球，去去游戏厅之类的，朋友还是挺多的，跟同学关系也挺好的。

B：你觉得自己的教育方式对孩子的成长有什么利处吗？

答：在他小的时候我就教育他要好好学习，做事要大气一些，要广交朋友，其他方面对他的限制并不多，他从小也就比较聪明，一直也不需要家里怎么操心，所以综合下来，我这个也算是无为而治吧，孩子发展到现在，离不开他自己的努力。

A：你们跟自己的儿子经常交流吗？

B：我们跟他也就说些非常平常的话，比如天冷了多穿点衣服呀之类的，别的基本上不说，他也不跟我们说。可能是不同时代的人，没有共同语言吧。

A：你们是怎么安排他的假期时间呢？

B：假期我们就不管他了，他愿意干什么就干什么，毕竟平时学习比较累，假期了他想玩就玩了，从来也没给他报过夏令营，辅导班之类的，假期一般就是玩了。

A：你对现在的生活，最大的期待或者是最大的愿望是什么？

B：别的也不求，就希望我们一家人能开开心心，健健康康的，再有就是我儿子过一两年参加高考能考个好大学。

【访谈者感言】

父母一直以来都对子女的学习分外关心，总希望自己的子女能好好学习，考个好成绩，上个好大学，找个好工作……在父母的眼里，似乎关注孩子的学习就关注了他的全部。父母之爱子，则为之计深远。在这一方面，父母对子女倾注了太多的爱，抱有太多的希望。但似乎学生的天性是不爱学习，因此父母与子女之间就产生了矛盾。现实的压力，教育制度的现状，或许这两者的改变，能够帮助缓解这个矛盾，从而促进家庭的和谐。

个案2　一个单亲妈妈所有的希望

访谈者　乌丽雅苏

这是一个单亲家庭，父亲在四年前因肝癌去世，母亲将所有希望都寄托在女儿的身上——

娜仁，43岁，新右旗某国家单位职员，其丈夫在4年前因肝癌去世，收入来源只有工资，月收入不到3000元。她的女儿今年18岁，刚以409分的成绩考入内蒙古大学播音系（因为是小三门录取，所以分数相对低些，正常录取要达到550分以上）。她的初中、高中，共六年的学习生活是在通辽市度过的。

在访谈的时候，娜仁的女儿已经在大学校园中开始她新的生活了。

在女儿小学毕业的时候娜仁就送女儿去参加通辽市蒙古族学校（初中）的入学考试。因为女儿平时成绩也不算太差，她顺利考取了蒙古族学校，并在三年之后也顺利考入了同市的蒙古语中学（高中）学习。在这六年离家的生活中，据娜仁说，女儿很自立，很懂事，知道妈妈不容易，经常省吃俭用，因此在生活的问题上不怎么让自己操心。但是她总是很担心女儿的学习成绩。

她有点失望地说到，就这次的高考成绩而言，自己并不是很满意。为了女儿能上个好大学，在高考之前他还将女儿带到呼和浩特市参加了针对小三门播音员考试的为期20天的培训，并参加了考试，通过了面试，拿到了一个名额。虽然说现在已经被播音专业录取，但是娜仁希望女儿在进入大学学习后能转专业，转到法律系，并且特别希望女儿能读到研究生，甚至是取得一个博士学位。她说，这些愿望自己都没有能实现，希望女儿能达成他的目标。她的一切都是为了女儿。

或许就是这样的一个家庭情况迫使娜仁将所有的希望都寄托在女儿的身上。失去了丈夫的依靠的她，没有选择重新组建一个新的家庭，给自己找一个新的归宿，多半原因是因为女儿的关系吧。但是从另外一个角度来看，女儿的生活没有多少自主选择的余地，都是娜仁在将自己未实现的愿望强加到女儿的身上。在这样沉重的压力下，娜仁的女儿真的能坦然地面对母亲给她指定的道路，而全然忽略自己的想法吗？或许，娜仁的女儿选择接受这样的一个安排真的是体谅到了母亲的一番苦心？我宁愿这是一个巧合，母亲的这个安排正与女儿自己的理想一致……

个案3　只愿孩子快乐

访谈者　张磊，余博，付帅锋，杨文豪

【访谈时间】：2010 年 7 月 23 日

【访谈地点】：河南省郑州市火车站附近商厦

【访谈对象】：一名三十多岁的妇女（个体工商户）

【访谈背景】2010 年 7 月 23 日，我们调查小组来到郑州市火车站某一批发商厦进行问卷调查，在负一楼有缘见到一名从事袜子批发的个体经营者，向其说明我们此行的目的并对其进行问卷调查后与她攀谈起来。

【访谈内容】

访谈者（以下简称 A）：你好，请问你们是什么时候到郑州来工作的？

被访者（以下简称 B）：我们来这里已经七八年了，我们俩在老家结了婚，然后就一起出来挣钱了。刚开始我们分别在不同的地方给别人打工，后来有了点积蓄就自己做生意了。

A：你们感觉现在的生活条件如何？觉得生活幸福吗？

B：这几年好些了，但还是比较紧张，在这边买了房子之后，就没多少钱了，生意也不好做，孩子也渐渐大了，各个地方都要花钱，平常做生意，早出晚归，也挺辛苦的，而且我们从事的是批发性的商业，忙的时候就忙得要死，闲的时候就无事可做，有时候挺无聊的。也谈不上幸福不幸福，每天都是这个样子，挺平淡的。

A：在子女的教育和生活方面，你们关注的多吗？

B：我们自己也没上过多少学，根本没法辅导他们的学习，所以他们的学习都靠老师教和自己学，有时候也会给他们报一些辅导班。生活上，日常必需的东西都给他们准备了，好的咱也买不起，但也不太差，还凑合吧。差不多也算尽到了作为父母的责任。

A：你们的孩子玩电脑吧？平常这方面会有冲突吧？

B：现在的孩子都喜欢玩电脑游戏，我闺女经查没事就坐在那里，星期天一玩就是一天，吃饭都在旁边吃，为这事我经常说她。从小就这么死命地玩，对眼睛伤害太大了，也会影响她学习。有时候说她，她还听听，不过偶尔她也死不听话，她爸也没少打她。

A：你们跟子女的关系咋样？

B：其实做生意也失去了很多，从小孩子们就去上学了，放学了他们就到店里做作业。然后就在附近玩，也没时间带他们到别的地方转转。不过相比之下，我们还算好的，儿女都挺听话，在一起说说笑笑的，感情还是挺好的，不像有些家里，父母跟子女整天弄得跟仇人似的。

A：其实一直以来都有不少人说“代沟”，你怎么看待这个词？

B：说到代沟吧，也不知道咋说。子女渐渐大了，有自己的想法了，我闺女有啥事了还会跟我说说，我那儿子有啥事都不给家里说。平常在一起也不怎么交流，有时候心里也酸酸的。但也没法呀，子女大了，我们也管不了了。说的话，他们爱听就听听，不愿听也就算了。

A：如果你们家的孩子犯了什么错误，你们一般怎么处理？

B：孩子犯错了就教训呗，有时候太气人了就吵他们几句，或者他爸爸会打他们几下，但都是打在屁股上。我们也不敢下手太重，怕把孩子打坏了，教训完后，他们以后就会老实一点，不会乱捣蛋了。

A：孩子放假的时候，你们怎么安排他们的假期时间呢？

B：放假了他们有时候在家里做暑假作业，大多数时间还是过来店里跟我们在一起。也没时间带他们出去玩，就跟附近的几家小孩在一起打打闹闹的。

A：那么你希望政府做些什么来改善你跟子女之间的关系呢？

B：哦，政府啊，好像也没啥需要他们来做的吧，不过或许可以组织些有意思的父母和子女一起参加的活动，政府提供一些钱，让我们一家人可以一起去玩玩，这样我们和子女之间的感情应该会更好一些吧。

【访谈者感言】

有一个问题我们不能忽略，人在中年，上有老，下有小，作为社会的中流砥柱，他们身上有太多的重担和责任。为了生存，他们不得不如此辛苦，为了子女，他们无怨无悔。但是，有失必有得，当经济收入并不稳定而且数量有限时，他们不得不屈从于现在的生活状态。子女渐渐长大，生活压力也在不断变大，精神生活的暗淡无光，严重影响着整个家庭的健康和和谐。千百年来，此境地仅有少数社会精英能避免，但他们又有着另一番苦衷。

个案4　卖鱼小摊扛起的家庭

访谈者　乌丽雅苏

虽然这个家庭的孩子都已经成年，但是对我们来说，我觉得这个母亲以卖鱼为生，扛起整个家庭的故事真的很有可读性——

这个五口人的家庭，父亲老赵 54 岁，母亲其其格 51 岁，有一子二女。儿女们现在都已经考上新右旗的公务员，他们的生活也有了很大程度上的改善。但是在前几年，他们家的情况又完全是另一番景象。

虽然现在孩子们都有了很好的工作，但是其其格还是在市场上卖鱼。我们的访谈也是在她的摊位边进行的。

其其格介绍，自己的丈夫很早前就有重病，不但没有任何的工作能力，甚至精神上也有点问题。因此在孩子们出人头地前，整个家庭的负担就落到了她一个人的身上。为了躲避工商局的追查，她经常一个人在夜里到克尔伦河边买鱼，再选择偏僻的小径把鱼带到家中，第二天倒卖到市场。其其格严肃而深情地回忆着以前生活中种种的艰难……

在我将话题转移到她的孩子们身上时，她长舒了一口气，平静地跟我说道：自己为了能多挣些钱，常常忽略了孩子们的学习问题。但是儿女们并没有让她操任何心。儿子是在海拉尔区一中读高中，两个女儿是在乌兰浩特市的中学读的高中。后来在高考中，儿子考上了内蒙古师范大学，两个女儿也陆续考上了内蒙古农业大学。但是这个年收入只有一万元左右的家庭，在支付完两个孩子的学费后，无力再支付小女儿的学费。其其格怕小女儿伤心，只能借复读的名义将她接回家中，继续上镇上的职业技术高中。

她说在小女儿回家复读的一年的时间里，又发生了一个小插曲：

小女儿通过了部队的层层测试，得到了当兵的名额。在全家人都很高兴地准备着把孩子送到部队的时候，他们却被告知小女儿的入伍名额被一个家庭条件优越的女孩子代替了。这无疑是给全家人泼了盆冷水。知道这个情况后，其其格为了女儿能顺利入伍，奔走在旗政府、妇联、纪检委等机关，甚至找到了呼伦贝尔市纪检委。她回忆道，虽然她找到的每个单位都会为她提供帮助，但是真正等到事情被查清楚时，当时在任的旗武装部部长早已调离新右旗，那个顶替的女孩也已经到部队报到很长时间了。所以他们在无奈之下，只有选择放弃继续追究责任。值得可喜的是，在那一年的高考中，小女儿又考上了通辽市民族大学。这次，在旗民政局的帮助下，她顺利将小女儿送到大学，让她继续学习。

她跟我说，在家庭生活艰难的时候，正因民政部门给予了他们很大的帮助，她的三个孩子才能顺利地毕业，现在的生活条件才得以改善。更重要的是，在生活艰苦的时候，她的三个孩子成了她的精神支柱。“妈妈，我们不用吃好的，穿好的，我们只要能上学就好了。”其其格含着泪说这是她的孩子们当时经常跟她说的一句话。她说，孩子们在假期中总是会帮妈妈做很多活，尽力为家里添一点家用。在平时上课的时候舍不得买一件衣服，多吃一点肉。

现在好了，三个孩子都有了工作，儿子也有了自己的家庭。但自己还是闲不下来，总想着做点什么，所以一直没有停止卖鱼，但是现在不用像以前那么辛苦了。

苦尽甘来。这位母亲说，就算是再苦，孩子们争气了，怎么样都觉得值！

个案5　远方待考的女儿

访谈者　朱　蕾

一路在村庄中穿梭，我有一种既陌生又熟悉的感觉。好像很多年了，没有这样，在黑夜的村庄中闲逛。一路上、小弄堂里，时不时地，不经意之处，会发现有人坐在路边扎堆闲聊。在这个并不凉爽的夏夜，路边虽然依然热气不减，却比屋子里的闷热好得多。这种我小时候人们用来沟通感情的好方式，如今已经被本地人遗弃，由外来人继承了。空调把本地人和极少数装了空调的外来人都吸回了屋子。甚至有的时候，听着路边那些不熟悉的乡音，我会觉得这不是我的村庄，至少不是原来那个只属于我们的村庄了。占据着村庄里角角落落小租房的外来人，像什么似的霸占了这个村落。尽管村里人因为房租而过得更为富裕，变得想尽办法四处建房来收取更多租金，我依然觉得，这个村庄的景致已经不如往日，村庄经历着前所未有的人口洗礼。

思绪突然被一阵热辣的笑声止住。我回头看去，是两对夫妻在一起讲生活趣事。我们立刻走近他们，想听听有没我们要的故事。

“大姐，您有儿女吗?”“有啊，我女儿可好看啦!”看样子女儿是大姐的骄傲，都不用我问，大姐便滔滔不绝地讲开了，看样子，我这个学生样还是蛮有用的，十足地勾起了大姐对女儿的想念。“我女儿跟你差不多大嘞——”大姐的女儿在读高中，看样子大姐低估了我的年纪。

大姐讲着讲着，便热情地拉着我，绕过小道，走进了她的屋子。依然是那样小的屋子，依然是一张床就霸占了一多半地盘的小间。不过收拾得很干净。斑驳的墙壁上还有油渍顽固地在上面附着很久的痕迹，但依然觉得很有家居的感觉，很舒服。看得出来，大姐肯定是个很会持家的人，尽管这家并不大。大姐在柜子摸索了一阵，便小心翼翼地拿出女儿的照片让我们看。真是一个文气的姑娘，穿得很学生气。大姐看着照片，看着我说，小姑娘，你们这个年纪最好了，我女儿也是。你们看，她多好看啊，读书也好，上次考试，在学校排名很前面呢，考了700多分呢。我一下子震撼到了，700多?我好像高中时从没考过那么多，大姐的女儿大概成绩真的很好吧。所以大姐才会在心里由衷的骄傲。大姐说，他们是来自安徽一个偏远的小县，生活条件很差，女儿上的是那里最好的高中。平常女儿暑假都会过来和他们住一段时间。“一般今天放假，她明天就等不及要来了，想我们啊!”大姐满脸幸福地说道。但今年暑假没来，因为下半年高三了，学校暑假要补课，不能过来了。打电话来的时候还哭了呢。说会好好学习，考好试再来这边见爸妈。可见，一个人在老家和爷爷奶奶住在一起还是会很孤单，会很想念远方打工的父母。那种迫不及待见家人的心情，求学的我们最能体会了。

我们问大姐，女儿学习、生活上有什么事，一般会和谁说。大姐说，他们每礼拜五和女儿约好了，会打个电话。一般都是女儿会主动打过来，跟他们说说有什么事。女儿最喜欢她了，最愿意和她讲心里的事。大姐说这些的时候，全是一个母亲满足的笑容。说到动情处，也可以看到她湿润的眼眶微红。可见这个暑假未见女儿，让大姐的思女之情愈加强烈了。在昏黄的灯光下，我们聆听了一个母亲对女儿的思念和对未来生活的期许。我感觉大姐在我们身上找到了感情的落脚点，将一切对家人的感怀在这个夏夜尽情释放了。而我们，也在收获又一个故事的同时，亲身解读了天下父母心。

个案6 背井离乡为母心难安

访谈员 邓晨笛

【访谈时间】2010 年 8 月

【访谈地点】仙桃市汉江饭店旁（仙桃市仙下河边）

【访谈对象】胡阿姨，近 40 岁，仙桃下查人，儿子两岁起出外打工，今年儿子中考，春节后请假在家照顾儿子至今。

【访谈背景】我在下查村走访发放调查问卷时听说了胡阿姨的家庭，但因当时胡阿姨一家去了庐山未能访谈。一个星期后，在一位村民的介绍下，我和胡阿姨约在了仙桃市汉江饭店旁，在胡阿姨去参加亲戚家的喜宴前，我们进行了访谈。

【访谈内容】

问：您是什么时候出外打工的？听说他爸爸也不在家？

胡：我大概是宇龙两三岁的时候到的仙桃，2005 年又去了武汉。他爸爸是 2007 年才去的武汉，之前宇龙一直是跟爷爷、奶奶和爸爸在下查。

问：您怎么看您在儿子那么小的时候外出打工？您觉得这对您后来跟儿子的关系有影响吗？

胡：当时也考虑过可能对今后的关系有影响，但想到村里其他小孩一般也都是从小跟着爷爷奶奶，觉得影响应该不大吧。没有哪个妈妈愿意那么小离开孩子，我当时虽然没想很远，但自己还是下了很大的决心。为了沟通感情，我每隔几周就会回家，给他买些吃的玩的穿的，他也很开心。后来大些了就每天打电话，所以即使几个星期甚至一个多月不见也没有太大的隔阂。

问：儿子对您在外工作理解吗？

胡：现在多少也理解了吧。他的想法挺单纯的，小的时候曾经跟奶奶说，“妈妈回来就什么都有了”。我听到这话的时候，真的是又欣慰又难过。我在武汉虽然赚的不多，但也花不了什么钱，每个月给他用还是宽裕的。所以即使想待在他身边，考虑到工作能改善家人的生活质量，也就放弃了。为他提供更好的生活就是我的动力。我跟他聊天的时候也问过他怎么看，他倒不表态，说回来当然好，不回来也没关系。

问：上次我去下查村时听说您带他去武当山了，您平常长假也带他出去玩吗？

胡：其实今年暑假是第一次和他跟旅游团一起出去，毕竟刚中考完嘛，带他放松一下。我一直想带他到处玩玩，希望他多到外面见见世面，但时间和经济上都不允许。不过以往暑假寒假的，隔个半年我会把他接到仙桃或者武汉转转，逛街啊什么的，每次也要花上千元。

问：这样一笔钱在下查又可以过一个月很好的生活了。

胡：在经济上对他没有什么舍不得的，在外面给别人帮忙也都是为了他。我还是希望在我们有限的能力范围内给他最好的生活，所以平常想吃什么想买什么都尽量满足，逛街的时候也都买好的，毕竟那样的机会不多。

问：您是如何看待孩子的学习的？

胡：我常常跟他讲，学习能改变命运。妈妈每个月辛辛苦苦给别人帮忙，一个月也没有一千；别人家的哥哥读了大学又从国外回来，每个月工资上万。没有知识，就只能这样辛苦。我不希望孩子重复我们这样的人生。我现在在外面，还不是为了给他提供更好的学习条件，希望他能通过读书改变自己的人生。

问：平常家里有人督促他吗？

胡：家里的爷爷奶奶哪管得了他。学习上的事都是靠他自己。

初二之前都挺听话的，就是初二开始，在同学的带动下迷上了电脑，把吃早餐的钱省下来去网吧，成绩就慢慢滑下来了。

问：他爸爸呢？

胡：他爸爸没我这么看重学习，觉得孩子健康就够了。在家时就管得少，出来后就更不问了。现在儿子迷上了电脑，他也喜欢玩，儿子就更喜欢他了。

问：您觉得您如果在家宇龙的网瘾可能会好一些吗？

胡：我觉得宇龙迷上电脑有多方面的因素。比如客观原因，下查的家离网吧很近，他曾经就在深夜趁爷爷奶奶睡着和同学去网吧玩通宵。但如果有我在身边督促，我想还是会有效果的。因为他知道这样不对，就是管不住自己，爷爷奶奶也管不住，只有我来管了。我中考前回来主要也是这个原因，他也这么大了，也嫌我的话啰嗦，但终究还是听的。

问：宇龙就要到仙桃上高中了，您下一步有什么打算呢？

胡：我们现在住在仙桃的亲戚家，还不确定是否租房。我今年春节后回来，本来是想一直照顾他的。毕竟上高中以后学习任务更紧了，我回来陪读也能盯着他点。但现在来看，经济压力还是太大。我回来的时候老板那边也提出了加工资，如果高中陪读，又少了我的一份工资，又要租房，只有他爸爸一个人在外面家里难以维持。现在家里有亲戚建议每个月出几百块让他住读在老师家，我心里还是很矛盾。

【访谈员补记】在访谈的过程中，胡阿姨几度哽咽。为了孩子背井离乡，又为了孩子辞职回家，不知道中国还有多少像胡阿姨一样的外出务工母亲。在与宇龙的聊天中我了解到，宇龙虽然很少主动跟妈妈联系，但会在母亲节的时候通过电话给妈妈送去祝福。孩子的理解与爱，也许就是支撑这些母亲们在异地他乡辛勤工作的最大力量。

第二节　子女访谈个案

导　读

每一个人都有自己的人生，都有不同的境遇。如果没有事实作为佐证，我们永远没有办法去揣度别人的生活。很多社会学社会工作的研究，很喜欢做好一个先入为主的判断和假设，以此证明自己研究的意义，但很难说对于他们所研究的主体本身的意义何在。在以下这一节内容里，或许我们可以发现果然还是验证了托尔斯泰的话："幸福的家庭总是相似的，但不幸的家庭各有各的不幸。"对于子女而言，不幸的家庭恐怕恰恰是他们在长时间里挥之不去的阴影。看过这些故事，我们恐怕确实很难信誓旦旦地就下个判断，说什么对他们最好。家庭、父母很难由社会力量去替代，他们的成长经历里不能缺少父母，以及更加重要的那一部分长期缺席的爱，久久没能得到回应的承诺。

个案7　我从小就恨他们

访谈者　张　磊

【访谈时间】2010年8月17日

【访谈地点】登封塔沟武校

【访谈对象】小李（北京市人，从十岁起就被爸爸妈妈送到登封塔沟武校学习，一直到现在都在这儿学习，快要读高中）

【访谈过程】

首先，我和塔沟武校联系。把我要了解的情况给校方说了。经他们同意，就去找小李。在路上正好碰见他。然后我就开始了访谈。

【访谈内容】

A：你在武校的学习生活情况怎么样？

B：在武校里面学习时间少，习武时间多。在学习上不能学到太多的东西，只能学很浅薄的知识。每天都要习武，而且习武时间长，很累，很辛苦，刚来的时候还经常挨打，刚来时我都不想上了，爸爸妈妈也不在身边，有苦只能自己吃。不过现在都大了，还算适应生活了吧。现在身体也很强壮，在登封有山有水，生活挺不错，就是爸爸妈妈不在身边，很多事只能自己做了。

A：好像你在武校的学习挺累挺辛苦的，可你为什么来武校习武呢？是你喜欢武术？还是别的原因？

B：小的时候我并不喜欢武术，是因为小时候我在家不好好学习，天天玩，混日子，学习成绩特差，爸爸妈妈经常打骂我，爸爸妈妈觉得我不听话，没法管，就把我送到武校来了。来武校后在教练的打骂下，我变得老实多了。现在时间长了，我就喜欢上武术了。

A：你小时候为啥不听话，不好好学习？

B：我也想好好学啊，做个听话的好孩子，可是我小的时候爸爸妈妈经常吵架，打架，还经常不在家，没人照顾我，他们一吵架就打我骂我，我一气之下只好离家出走，去网吧。后来爸爸和妈妈又离婚了，我跟着妈妈，妈妈工作忙就更没时间管我了，我看着别的小朋友和他们的爸爸妈妈一起在公园玩耍，我很羡慕，所以我只能去网吧，时间长了就变成混日子的了。可恨爸爸妈妈了，所以就不想听他们的话。也不想回家。

A：那你来武校后多长时间回家一次啊？你爸爸妈妈来看过你没？

B：来武校后，由于离家远我们天天还要习武，我只能在过年放寒假的时候才能回家一次。我爸爸妈妈只是偶尔来看我一次，并不经常。而且他们还不一块来。

A：那你长时间不在家，你不想家吗？不想爸爸妈妈？

B：刚来时候我天天想家，也想爸爸妈妈。可是又不敢跑回去啊。只能忍着等到过年才能回家啊。

A：那你平时和家里怎么联系？联系多吗？

B：我经常和爸爸妈妈通电话，我们几乎一周打一次电话，他们也经常问我在这儿的学习情况，给我汇钱。现在虽然我长大了，可是爸爸妈妈还是像以前那样经常给我打电话，所以爸爸妈妈还是爱我的。

A：你和爸爸妈妈之间沟通有障碍吗？

B：由于爸爸妈妈他们感情不好，从小对我的关心少，还离婚，让我生活在一个不完整的家庭里，我从小就恨他们，所以我很少和他们在一块说话，我有什么事情也几乎不和他们说，都找我的亲戚朋友了。

A：你和爸爸妈妈之间矛盾这么深，他们有没有努力消除？你认为他们怎样做你们才能消除矛盾？

B：他们现在经常给我打电话，还来登封看我，给我带好多吃的，我想这应该是他们想弥补过失吧。我想他们能够复婚，我们一家人能够生活在一起，能和别人那样一家人和睦相处，周末去逛公园。让我感受到家的温暖，在爸爸妈妈的同时关心下健康成长，只有这样我们才能消除障碍。

A：相信你爸爸妈妈会这样做的，你也该上高中了吧，是不是快要考大学了，你有啥打算？

B：是啊，就快要考大学了，我想好好学习和习武，争取高考考个好大学，让爸爸妈妈看看，我也是个听话的孩子。希望他们看到我的表现，能够复婚，我们还能有个和睦的家庭。

A：相信你会的，好好努力吧。爸爸妈妈会一起带你在登封玩的。好好努力吧！

【访谈者补记】

访谈中小李的一句话一直震撼着我，他说：我从小就恨他们，所以我很少和他们在一块说话，我有什么事情也几乎不和他们说，都找我的亲戚朋友了。这使我们了解到，一对夫妇的离异不仅仅对他们自己有伤害，对他们孩子的伤害也很深。我们也看到他和爸爸妈妈的关系在不断改善，我也真诚地祝愿他能和爸爸妈妈的关系变好，他们能有一个和睦的家庭。他能得到真正的父爱和母爱。

个案8 穷家的孩子早当家

访谈者 杨文豪

【访谈时间】2010年8月8日

【访谈地点】河南省开封市

【访谈对象】琪琪，女，9岁

【访谈内容】

A：你是开封本地人吗？

B：我们家原来是开封市兰考县的，后来爸爸妈妈来到开封市做小生意，就搬了过来。

A：那你以前有在不同的地方上过学吗？

B：没有，我自小就在开封市上学，爸爸妈妈来这里已经好多年了，我在这儿的小学上三年级。

A：你们跟周围的邻居关系融洽吗？

B：嗯，我们周围的叔叔阿姨对我们很照顾，他们知道爸爸妈妈做的小生意不容易，很忙的时候妈妈有时来不及做饭，周围的叔叔就会让我去他们家吃饭，虽然没有特意招待，但是他们很热情。

A：你的学习成绩如何？

B：我该上4年级了，我暑假考试考了我们班第二名，老师发给了我一本笔记本作为奖品，还有奖状。

A：那你觉得爸爸妈妈在做生意的同时有没有缺乏对你的关心，譬如学习上面的，或是生活方面的？

B：没有，爸爸妈妈对我的学习很关心，他们说只有考上了大学学到了知识，才可以成为一个对社会有贡献的人，才可以过上更好的生活。生活方面一般妈妈会关心得比较多一点，但是我理解爸爸，爸爸更在意的是我们家的生计问题，所以爸爸妈妈都是很爱我的。

A：爸爸妈妈整天忙碌身体还好吗？

B：我爸爸还可以啦，就是有时会肩周疼，腰疼，可能是经年搬东西的缘故，妈妈很健康。有时爸爸回家我还帮他捶过肩膀呢，爸爸老是夸我说我捶得很好，一捶就不疼了。

A：那你们一般什么时候回老家？

B：我们只有过年的时候回去两天，我的爷爷奶奶住在老家，平时我们都不怎么回去，大部分时间爷爷奶奶会一块来看我们呢。爸爸妈妈整天在外面卖东西，有时我上学去了家里没人，爷爷奶奶就会在我们隔壁叔叔家等我们。我前几天跟爸爸一块回去过一次，因为爸爸帮爷爷收地里的玉米。

A：那你们现在是在租房还是买的房子？

B：我们目前住的房子是租借的，但是我们的新房已经买了，不过距离这里比较远，我只去看过几次。我们的新房在郊区，听爸爸说那里的物业管理费便宜。

A：你觉得整天跟爸爸妈妈交流少会不会影响你们之间的感情？

B：我觉得有段时间我跟爸爸之间有些意见上的分歧，主要是我上三年级后学习方法跟以前不太一样了，但我觉得现在这种学习方法是比以前要好的，因为我现在追求的是效率，但是可能形式上没有以前那么踏实，所以爸爸觉得我是分神了。但这不会说影响我们之间的感情，哪有不争吵的家庭，不可能的。

A：那就你刚才与你爸爸出现的分歧，你们怎么解决了呢？

B：我会说服我的爸爸同意我的观点，我爸爸并不是一个固执的人，其实好多东西追求过程是没意义的，因此我觉得这不是个很严重的问题。

【访谈补记】当今中国的一大国策就是“科教兴国”，通过对9岁小朋友琪琪的访问，我充分认识到了成长中孩子的生活环境，监护人以及教师教育理念对一个孩子的影响。是否能够正确地教育孩子，是否能够主要通过理性教育来达到“教是为了不教”这个目的，这才是教育中最应该注意的问题。作为孩子的长辈，要做的不是以强硬的姿态要求他们去做什么，而是应该以自己的切身行为给孩子以模范的作用。我们要理解“隐性的教育”（在这里我引进了隐性的教育一词），我们要让孩子耳濡目染这些好的思想以及习惯，让他们认为应该树立远大的理想，继承中华民族的传统美德，在艰苦的环境中奋进，报效社会，并且学会感恩。访谈中的主人公——小女孩琪琪给我以很深的感触，农村有句话“穷家的孩子早当家”，这句话确实言之有理。但是随着我们国家经济的飞速发展和生活质量的提高，越来越多的家长忽视了教育孩子最重要的问题。有句话叫“国家再穷不能穷教育，国家再富不能富孩子”，我想这句话是值得当今大部分家长好好深思一下的，我们这个社会，每个家长都应该好好掂量一下自己的责任有多么沉重，希望社会各界能够在今后的政策中加强理性教育的宣传，确保我们祖国的花朵健康成长。

个案9　什么地方是天堂

访谈者　李颜琳

【访谈时间】2010年8月18日10时

【访谈地点】吉林省通化市二道江区习乐堂艺校

【访谈对象】艺校一名孤儿

【访谈过程】

我曾经在习乐堂艺校学了两个月的吉他，这里有我很多的回忆。选择这里作为访谈地点，是因为觉得熟悉的环境，或者能给我更好的机会。而这一次访谈深深地触动了我。

走进艺校的大门，面前是久违的师傅，和一些依稀不认识的年龄参差不齐的孩子们。和师傅开心地拥抱后，我看到了角落里的一个男孩。很大很大的眼睛却总有镂空般的感觉。缓缓地走近，我却觉得，离他越来越远。他略微瘦弱的身姿，在那把吉他边上，显得更为羸弱。

这里，到底是不是他的天堂？

【访谈内容】

我们暂且叫他小威吧，由于他的要求，我无法透露他的真实姓名。

和小威的谈话并不顺利，他总是在躲闪着我的目光，即便是开始，也很勉为其难。但正是这一切的一切，让我对他充满了好奇，在这个男孩身上，到底隐藏了什么样的故事？

由于话题开始得非常困难，我便先让他填了问卷。填问卷的过程中，总是感觉到，他有着一股莫名的悲伤浮在脸上。他的心里，终究在想什么？

在看了他的问卷调查后，突然觉得自己很残忍。这么瘦弱的他，承担了这么沉重的悲伤。孤儿，这个词，多么地刺痛人心。

问卷上，和父母有关的问题，他填的都是很难理解的。也许，真的是伤到他了。问卷上有这样一个问题：你认为妈妈怎么做才能改善你们的关系？他的答案是：活着……这两个字让我有一种想陪他痛哭的感觉。活着……活着……

也许是他感受到了我的伤感，反而开始和我淡淡地聊一些话题，这个时候，我才知道，他生下来没多久父母就不在了，一直跟着爷爷奶奶，可是爷爷奶奶年纪大了，很难供养他，也很难照顾到他的成长。从小到大，打架、喝酒、进拘留所，都是家常便饭。几年前外出打工，在社会上摸爬滚打几年后，因为爷爷奶奶的想念，他不得已回来了。面对这个伤心的城市，他已经不再像儿时的愤恨，到习乐堂打工后，人变得越来越安静，越来越安静。

在聊天的过程中，已经不记得停顿了多少次，觉得小威会有一点哽咽，但是却也有一分淡漠。他说，他从小就和爷爷奶奶没有什么沟通，从他知道父母外出，回来的时候已经生命不再的时候，他就对这个世界充满了怨恨，生来的不平等让他很难融入生活圈子里。关系比较好的一些朋友，都和他有着或多或少类似的经历，凭着惺惺相惜之感，他们彼此慰藉，一起面对人生。

生命中那些印记到底能不能被时间磨平？他告诉我，不能……

在外打工的日子，他受了很多委屈。地区文化的差异，从小到大有点奇怪的性格，让他在偌大的城市里显得格格不入。

很同情他的遭遇，觉得自己很残忍，这样的问卷，是不是让他很伤心，这样的话题，到底能不能为他疗伤……

结束的时候，他和我说了一声谢谢！突然之间感觉到，他最需要的，也许就是有一只耳朵，安静地陪他从过去，走到现在！

【访谈者补记】

今天的经历，会让我永生难忘。其实抛却情感，我更希望劝他乐观一点，多一些笑容。不知道这个要求他会不会觉得过分，只是，我真的希望，有那么一个地方，对于他来说，可以是天堂。

我们生而宿命，却不甘于轮回，天堂回转，我们成为永恒。

个案10 什么时候，你才会回来

访谈者 李颜琳

【访谈时间】2010年8月24日10时

【访谈地点】吉林省通化市快大县

【访谈对象】母亲在国外的11岁的小雨

【访谈过程】

写这篇报告时，我心里很酸涩。因为被调研人是我的堂妹，这篇报告也算是抒发我心里一直以来的郁结，这么多年，我看着我的妹妹，心中不免心疼。

回到老家是每年暑假的行程，今年特别的是叔叔搬了家，从一个较小的农村搬到了县城里面。

叔叔是一个很有才华的人，年轻的时候高挑帅气，脾气温和。在12年前和婶婶结婚。可是结了婚的叔叔变成了另外的样子，不再那么干净整洁，每天忙于工作应酬，而婶婶每天也都是忙于玩乐。于是奶奶搬到了叔叔家中，照看他们。一直以为，叔叔会给奶奶一个安定的晚年，只是，生活不能如我们所期望的那样。婶婶在婚后一年生了堂妹小雨，本以为小雨的出生会让婶婶变得成熟顾家，可惜也只是本以为罢了。小雨出生之后的一切都是奶奶照料的，说句很讽刺的话，我一直在想，他们是在为老人养老，还是在找一个保姆……其实叔叔是很孝顺的，只是脾气温和，心胸宽广，所以没有去计较。反而我是一个旁观者，心中不忿。小的时候有个很傻的想法，等我有一天能照看奶奶时一定会接走她。

时光反复了几年后，小雨7岁那年时婶婶出国了，几十万的出国费用，说是为了挣钱，但其实几年以来，家里并没有收到过她的钱，扔了这样一家老小，她的人生就这么不甘于平静吗？

最初的时候说是两年回来，结果两年又两年，什么时候，你才会回来？

【访谈内容】

因为距离的原因，几乎每年我也只能见到奶奶两次。看着小雨一天天长大，我总是在想，这种没有母亲的教育模式，到底能不能够让她很好的成长？

记得从小到大，小雨都很喜欢我们一家人去看她。她喜欢黏着我和爸爸，因为叔叔总是很忙，让我觉得小雨在缺少母爱的同时，还缺少了父爱。这次回去，她已经11岁了，言谈举止不再那么幼稚，她常常安静得不知道在想什么。

小雨很喜欢我，也许是血缘吧，即使从小到大没有多少时间在一起，但是我们依旧很亲。聊了很久，她告诉我，她其实是想妈妈的，但是妈妈不回来，她也没有办法。她悄悄地笑着告诉我，如果是奶奶出国了，她肯定是会受不了的。我恍然间明白了，原来十年，已经让她觉得她生命中最重要的人不是父母，而是奶奶。

小雨给我讲了很多学校的事情，给我看了很多她买的衣服，我发现她的措辞语气和品味眼光都很像奶奶。说实话，一方面我很感动，另一方面却又很担心，这样会不会让她接受的文化过于闭塞。由于叔叔几天才回家一次，所以小雨的功课是没有人辅导的，她说，她问奶奶，奶奶都不会。祖孙二人，这样真的生活太单一了。有一点担心她的教育方面。

由于是刚刚搬了新家，有很多东西需要收拾。我看到 11 岁的小雨拿着拖把在地上拖地，有些心酸。也许这样时能让她更早的自立，但是这样她便享受不到大部分同龄人那种被捧在手心里的呵护。

我一直希望，婶婶可以早点回来，也许现在的她可以成熟到照顾小雨，毕竟奶奶已经 70 多岁了，身体也不好，眼花耳鸣，究竟还能照顾这对父女多久呢？

后来小雨悄悄地跟我说，由于家里住的是一楼，外面常常有很多人徘徊，有一个人在楼前走了好几天，不知道在干什么。听着她的恐惧，我想，这个家需要一个能照顾她们的顶梁柱……

婶婶，你什么时候，才会回来？

【访谈者补记】

在奶奶家住了两天，要走的前一个小时，妹妹一直在说，要是不那么早开学就好了，我就不用走了。我突然感觉到她对我的依恋，也许不仅仅因为我是她的姐姐，更是因为我传递了一些不一样的生活信息给她。

在离开的时候，奶奶一直送我到门外，我走之后她一直站在那里，看着我，知道我走得很远很远。我真的很想哭，觉得很悲哀，我 70 多岁的奶奶，不能安享晚年，如此奔波，只是因为我那个不尽责任的婶婶，她在想什么，她到底什么时候才会回来？

个案11 家是火葬场

访谈者 李颜琳

【访谈时间】2010年7月29日16时

【访谈地点】吉林省通化市二道江区习乐堂艺校

【访谈对象】山东流动人口小宇

【访谈过程】

由于师父的帮助，在艺校里，我接触了很多很有个性的孩子，比如说：小宇。

小宇阳光帅气，更为吸引我的却是他皱起的眉头，和自顾自地弹唱，见人不打招呼，狂傲不拘。问了师父，师父说小宇是他一个远房亲戚，家里从小就不太管他了，导致他的性格很孤傲，但是弹得一手好吉他，青出于蓝而胜于蓝。

我试图和他聊天，也许很少有人和他说话，他对我还是表现出来一点接受的。

【访谈内容】

访谈是很困难的，虽然小宇对我没有什么敌意，但是也没有太多的配合。无奈之下，我只能到一旁自己玩会儿吉他，想等他闲下来再尝试和他聊天。

没想到我在一旁弹吉他的举动引起了他的注意。他开始配合我的曲目，合奏了一曲《天使的翅膀》：我会找个天使替我来爱你……

弹到高潮时，我看他在轻轻吟唱，似乎有流泪的感觉。无法否认，这个场景深深地感动了我。一曲作罢，他开始和我聊起了自己的身世。小宇是四岁的时候和父母来到通化的，来到通化后，父母打工很不容易，经常都不露面。他一直住在寄宿幼儿园，家里没有固定的住所，在他渐渐长大之后，父母除了给钱的时候几乎就不露面了。他开始觉得，父母也许并不仅仅是为了打工，经过调查，他发现父母早已各自另有家庭，他无家可归了。一次在上学的路上，他看到一间火葬场，当时正有殡车进入火葬场，他突然觉得连死人都有家可归……这个想法着实吓了我一跳。然后在一次学校填表格时，家庭住址一栏，他填了火葬场……然后就是很多人找他谈话，然后他主动退学了。从此混迹于社会，定时找父母拿钱……他的经历让我用了很长时间来消化。我不知道，在此时，我面对的他，是不是还是那个宁愿以火葬场为家的孩子……

聊了很多，也劝了很多，我尽我所能，劝他阳光，劝他理解，劝他乐观，然后他很平静地告诉我，这段日子里，他一直在音乐中寻找幸福，现在，他觉得还是开心的。突然觉得很欣慰，还好，音乐拯救了他。至少，现在，火葬场不再是他的家。

【访谈者补记】

这个故事，一波三折。不知道小宇以后会是什么样的发展，但是至少现在的他对未来有了一些希望。火葬场，这三个字，那么多人惧怕，却被曾经的他看做归宿，一个人成长，竟是这么的艰辛。当我们环视我们的周围时，其实有很多这样没有家庭的人等待着我们去关心。社会，我们，爱，或者能够拯救很多边缘生命。

个案12　让离婚的人不能再结婚

访谈者　邓晨笛

【访谈时间】2010年8月11日晚

【访谈地点】仙桃市仿古路一奶奶家

【访谈对象】佳美，10岁，仙桃长廊口人，父母离婚，父亲在外务工，母亲已再婚生子，两年多没有音讯，现与爷爷、奶奶、大妈（婶婶）等共六口人租住在仙桃市一间不足四十平方米的房子里。

【访谈背景】在仙桃中学旁发放问卷时，一位奶奶听闻我的调查目的后向我介绍了佳美的家庭。佳美是她的一位远房亲戚。这位奶奶帮我约了佳美和他奶奶，采访地点在这位奶奶家中。

【访谈内容】

佳美今年10岁，刚出生就被在外务工的父母交给了奶奶。一岁多时曾被妈妈带出去半年，不到两岁又被送回到奶奶身边。6岁时佳美的父母离婚，至今佳美一直跟着爷爷奶奶。两年前因佳美的表姐要到仙桃读初中，佳美一家六口人搬离长廊口，现租住在仙桃市一间不足四十平方米的房子里。

刚见到佳美时就注意到了她小小鼻梁上架着的厚厚的眼镜。我本以为是家族遗传，问过奶奶才知道，佳美原来是在6岁父母离婚时近视的。奶奶介绍说，佳美父母离婚后，她为了支撑家庭，以六十多岁的年纪到武汉某小餐馆打工，留下佳美与爷爷、刚生下堂妹的大妈生活。爷爷白天帮人架天线，晚上喝酒晚归，大妈则要照看自己的新生儿，6岁的佳美除一日三餐外生活上完全无人陪伴与照顾，就一个人在家哭号，泪眼模糊地蹲在电视机前看电视。长此以往，就有了四百度的近视。佳美听奶奶的讲述，不肯承认，又说近视是因为奶奶要省电晚上关着灯看电视引起的，后来祖孙俩笑着争吵起来，却让旁人看得心酸。

后来奶奶出去和亲戚话家常，佳美自己慢慢聊起她的家庭。“我爸爸妈妈离婚了。后来妈妈又结婚了，生了小弟弟，还接我去看过。”佳美说得缓慢而认真，像是在和我分享她的小秘密。佳美自己介绍，自从有了小弟弟以后就再没见过妈妈，对妈妈的长相也只剩下模糊的印象，只记得她个子很矮，鼻子上有一颗痔。但即使这样，还是喜欢妈妈，因为爸爸很少回家，打电话也只是问学习，并且似乎更喜欢成绩好的表姐。但谈到父母，佳美的神情中仍显露出满满的期待。“最大的愿望是妈妈和爸爸和好后，陪我过生日。”她早已接受了父母不在身边的事实，却还不太理解其中的原因。被问到爸爸多久回来一次时，她认真地说，“爸爸回来的很少。不过爸爸喜欢玩电脑，家里的电脑现在坏了，爷爷最近准备找人修，也许电脑修好了他就回来了。”

奶奶回到房间，谈起现在的大家庭。佳美自己对此也颇为满意。“最开心的事是和妹妹玩（佳美的堂妹），最不开心的事是和姐姐玩（佳美的表姐）。”据奶奶介绍，佳美的堂妹和表姐也是和佳美一样的留守儿童。佳美的大伯和佳美的爸爸一起跟着工程队全国跑，留下佳美的婶婶和堂妹在家；佳美的姑姑则是离婚后一个人到武汉打工，将女儿（佳美的表姐）留在仙桃读书。三姐妹常因抢电视发生争端，久而久之，大家也有了约定，按照年龄从大到小排看电视的时间表。佳美还得意地讲，虽然电视抢不赢姐姐，姐姐却羡慕她有机会看各种电影。原来，现在负责电影院守门的爷爷每月发5张免费的电影票，妹妹太小，姐姐学习紧，结果都让佳美一个人看了。“《钢铁侠2》《驯龙高手》，还有前几天才出来的《唐山大地震》，我都看过。”佳美说起看过的电影如数家珍，语气中不无得意。

问到最喜欢的人是谁时，佳美毫不犹豫地回答：“奶奶。”佳美的奶奶还不到七十岁，一头花白头发的她看上去却比那位已近八十岁的远亲还要年长。到了本该安享晚年的年纪，奶奶却仍在为儿孙的生活里外操劳。“以前年纪轻点，还可以去外面给别人帮忙，现在身体也不中用了，就在家里给玩具厂做点活，孩子们的生活也能稍宽松一点。”谈到陆续出外打工的三个儿女，奶奶说自己也在外闯荡过，知道儿女们的不容易。“他们也苦啊。现在也只有老大的婚姻还是完满的……我帮他们在家看孩子，虽然能力有限，也是能帮一点就帮一点吧。我和老头子能想多远呢，只是眼前的，看着这几个孩子好好长大就好。”

【访谈员补记】：访谈时佳美展现出异于其年龄的懂事与稳重，却又仍不时透露出十岁小女孩的天真，让人看得心疼。在回答“你认为政府和社会在哪些方面做些事情来改善你和爸爸妈妈之间的关系”一问时，佳美的答案是“让离婚的人不能再结婚”。由此看出，大家庭的温暖暂时地填补着她童年与父母感情的空白，但小女孩的心中仍怀想着对父母的期待与想念，留守儿童的心理需求呼唤社会更广泛的关注。

个案13 家里无处安放的梦想

访谈者 黄子墨

【访谈对象】辛凯，男，17岁，陕西省西安市灞桥区人

【基本情况】

出生于陕西省铜川市，幼儿园时期在陕西省延安市黄陵矿业集团子弟幼儿园度过，小学辗转就读于黄陵矿业集团子弟学校和西安市西铁五小，初中就读于西安市灞桥区庆华中学，高中就读于西安市灞桥区西港花园高级中学，目前即将于9月份求学于西安市西京大学。父母均供职于陕西省延安市黄陵矿业集团，属于典型的双职工家庭。父亲在集团物资供应公司工作，母亲在集团一号煤矿供职。从小学开始，他就过上了长期远离父母的生活。对学习没有多大兴趣，成绩也比较差，酷爱汽车。

【访谈内容】

问：您对目前家庭当中的亲子交流现状是否满意？

辛：不满意（亲子两代之间交流通达度差，和父母之间存在严重的代沟，平等正常地沟通较为困难）。父母言谈举止之间流露出较为明显的封建家长制思想，常常操办孩子的一切事情，替孩子做决定，把自己的思想强加给孩子。家庭民主观念较为淡薄。平时没有零花钱，生活费也压得很低（大约每月350元），生活上努力维持低标准，但同时在学业成绩上对孩子又总抱有过高期望，“又想马儿跑，又想马儿不吃草”。孩子学习成绩一直不太好，但父母基本上从没有在自己身上找过原因，一直把责任归咎于孩子不认真不踏实，不体会父母的苦心等等。（口述时情绪较为激动，笔者整理成书面语言。）

问：能不能详细说说？

辛：怎么详细？你想了解什么？

问：请说说您家庭当中亲子两代之间交流印象深刻的事例吧。

辛：印象深刻的例子很多，就举最近发生的一件事情吧。我从小就对汽车感兴趣，家里墙上贴满了各种各样的汽车海报，书架里满满地堆的都是汽车杂志和汽车机械书籍，还有很多很多的车模玩具，那时候的梦想就是长大以后做一个职业车手。但当我逐渐长大之后，才发现梦想离我很遥远。我的视力越来越糟糕，物理数学等学科的成绩也不尽如人意。所以我退而求其次，准备只从事一些和汽车有关的行业。起初我考虑的是作汽车销售顾问，人往高处走所以不弄；这个暑假开始“创业”，和一个小老板合作，搞一个小的洗车店，忙活了一个月，买器材，跑各个政府部门，市场调研，租场地等等，我着实下了一番功夫。但父母一开始就对我的努力不闻不问，持事不关己的所谓“中立”态度，后来干脆挑明了反对我，直接地进行干预，每天都不停地在我耳边“规劝”我，而且一点启动资金也没有赞助我。我想他们刚开始不管我是因为感觉我闹不出什么名堂来吧，后来看我是认真的，他们又害怕我引来什么经济纠纷、债务或者要负责任，所以才千方百计地阻挠我。他们口口声声说是为我好，可实际上，他们根本不懂我的内心，也不理解我的目标与追求。他们还把我当成一个什么也不会、什么能力也没有的小孩子，总是习惯于把我的人生纳入他们业已形成的价值体系的轨道当中，不允许我有一点创新。所以，我的创业梦想就这样无疾而终了。我想我的情况应该算是个大悲剧了。

问：其实你这样的情况也并不少见。就我看过的一些同类型文献以及结合自己的生活经历来说，我国大部分家庭当中都或多或少地存在着你们家里这样的问题。中国毕竟有着几千年的封建历史，虽然现在封建社会已然远去，改革开放东风正劲，但是许多顽固的旧思想仍然会或明或暗地影响着家长们的决策与行为，每家每户在这个问题上有的只是程度上的差别。有的家长相对比较民主，而有的则统治欲望比较强。不过总体来说平等、自由的理念还是一代代逐渐深入人心……

辛：其实吧，我的意思也并不是说我和他们之间完全地对立。

毕竟父母是自己最亲的人，这份感情不会因为小小的冲突与不合就土崩瓦解。平时没什么事情的时候，我和父母一起在家气氛还是很好的。父亲是个风趣又睿智的人，母亲办事则事无巨细，无微不至。去年暑假我因为贪玩，打完篮球后骑摩托车买饮料，因为技术不熟练，出了一场小车祸。当时也没敢第一时间告诉父母，因为他们早已告诫过我不要做这些危险的事情。后来那天晚上他们知道了以后，自始至终都没有怪罪我一句，而是无微不至地照顾我、关心我，帮助我治疗、恢复。检查结果说我是右边锁骨骨折，在这期间妈妈每天陪在我床边，一口一口喂我吃饭；爸爸也常常放下繁忙的工作抽时间来给我讲笑话与新闻，我知道这并不是他的长项。在那一个多月当中，他们常常在背地里偷偷地流泪，担心我的伤情（可能危及颈椎），但是在我面前还要做出一副没有什么事情的样子，帮助我树立乐观的信念。其实这一切我都知道，不过我也不好意思说出来。我们家三个人平时都不太善于表达对彼此的感情，但是每当遇到事情，却总能深深感觉到这种血浓于水的亲情。从那之后我对父母的爱有了更深的认识，还有更深的感激。平时的一切矛盾冲突与不合，我明白都只是次要的因素，他们所做的一切都是为我好，因为他们爱自己的儿子。

问：说了这么多，让我感觉你的家庭其实气氛挺融洽的，三个成员彼此之间感情也很好，父母对你也是关爱备至，并不像你刚开始所说的那样感觉亲子两代之间关系好像随时都剑拔弩张的。

辛：那……其实这是两回事情，他们关心我爱我，这我毫不怀疑，我也爱他们尊敬他们，但是毕竟我现在也已经长大了，有些事情总该逐渐给我点自主权，放手让我自己去做，不能永远操办我的一切事情，替我做一切决定吧。

问：你所表达的也是子代的一种正常诉求。最后问一下你，对于即将到来的大学生活，你有没有什么憧憬或者规划？

辛：你直接问我的理想得了。要说什么计划倒是没有，不过大一我想组织一个公路赛车（越野自行车）队，很拉风（很有面子很新潮）的。我现在早就学会开车了，我爸却不让我拿家里的车练习着开，害怕我把车蹭坏了。所以上大学的同时我还要打理自己的洗车公司，争取赚够钱，大二时候开上自己买的汽车，到时候随便开车，不用看他们的脸色。

问：呃，这目标挺宏伟的。那你有没有考虑过如果你父母反对怎么办？

辛：其实吧，大二买车那个我给他们说他们都没当真，觉得我是痴人说梦，不过那个难度确实有点大，努力努力再看情况。至于组自行车队我就压根没告诉他们，要不然他们知道了肯定会大力反对我的。哎，你也别告诉他们。

问：我自然不会说的，那也祝你早日实现自己的目标呀。

【访谈小记】

访谈在辛凯家的阳台上进行，时间是8月3日下午。整个访谈过程当中辛凯的情绪基本平和，口气则较为戏谑，在说话的同时仍目不转睛地上网聊天。说到激动时曾经点起一支烟，开始吸，烟雾在斜射的阳光下显得特别诡异。在谈骨折受伤情况的时候为了给我比画他受伤的位置，熄掉了烟。今年高考，他的分数是381分，距离陕西省2010年高考三类本科录取分数线尚有19分差距。

个案14　沉默中情感与真实

访谈者　黄子墨

【访谈对象】小雷，男，17岁，陕西省西安市雁塔区人

【基本情况】

出生于甘肃省天水市，幼年时父母离异，法律上由母亲抚养。母亲在天水市干个体户，经营小吃摊、杂货店（先后）等，经济条件不是很好。孩子从小学起就长期寄养在西安的姥姥姥爷家，从那之后每年基本只能见上母亲几面，至于父亲更是“很多年未曾谋

面”。他的姥爷系西安音乐学院作曲系的退休教授，由于已经退休多年，故生活条件也并不是很好。幼儿园只上过两年（在天水市），然后被母亲送到西安姥爷家寄养。开学即将上高三。也许和家庭条件与周围环境有关吧，他从小性格比较孤僻，有时候又有些莫名其妙的歇斯底里。他从小就特别喜欢看历史类的书籍，常常一个人闷在家里看许多大部头的晦涩的历史著作，除了几个原先认识的朋友外，基本不主动与同龄人交往。他思想中有一些愤世嫉俗、玩世不恭的成分，并且时常流露出悲观失望的情绪。平时在家中与姥姥姥爷基本上没有精神上的交流，至于母亲，由于见面机会太少，每年说话时间都超不过几个小时。家庭当中亲子两代之间（父母与孩子、姥姥姥爷与孩子）的关系较为淡漠。

【访谈内容】

问：你对目前家庭当中的亲子交流现状是否满意？

雷：（苦笑）我的情况还有什么满意不满意呢，将就着过呗。

问：不至于吧，那请你先简单介绍一下你的家庭状况好吗？

雷：（很流利地）我父母都是西安人，结婚时候还没有正经工作，当时天水有个亲戚干个体户，开了一家小店，我父母就去给人家帮忙，之后在天水生下了我。但是后来遇到变故，那位亲戚出了车祸突然身亡，于是我父母就只好把那家店扛起来。又过了一段时间，我妈发现我爸有了外遇，于是和我爸吵架，最后无法调和，就离婚了，这是我 4 岁——刚上幼儿园那一年的事情。

问：呃，那然后呢？

雷：（情绪有一些激动）我在天水时断时续地上了两年幼儿园，妈妈因为要照顾店里太忙无暇照看我，所以把我送到了西安的姥爷家，让当时刚刚退休不久的姥爷帮忙照顾。从那之后我就很少见我妈了，大概过年时候是回来的，别的时候不一定，有一次好像是连续 5 年我妈都没有回来过，我已经习惯生活中没有父母了。

问：那你爸爸呢？后来有联系吗？

雷：（冷笑）我到现在根本就不知道我爸长啥样子，不过有时候我去奶奶家，偶尔能看到以前的老照片，那上面有我爸爸，但是在我看来，就和陌生人没什么差别。

问：那你爸爸现在近况如何你知道吗？

雷：（激动）我说过我不了解他也不想了解他。

问：对不起！咱们不说你爸爸了。刚才听到你说你去奶奶家，我很好奇你奶奶家的亲戚对你如何？是比较热情呢还是比较冷淡？

雷：对我冷淡我还能老去吗？他们知道我父母离婚这件事过错都在于我爸搞外遇，所以我想他们心里对我妈，对我都是有负疚感的吧。我爷爷原来在搪瓷厂（西安市北郊一家效益不太好的老牌国有企业）工作，厂子本身就不是很红火，后来退休后日子过得也很紧。再加上我爸也不是个孝顺的儿子，常常在外边混，就是有时候没钱了才回到家里，所以爷爷奶奶平时自己粗茶淡饭，还要为我爸爸省出一些钱。奶奶本身就是个和蔼善良的人，对我又尤其好，已经不是一般的隔代亲了，我感觉她好像把曾经对不成器儿子的期望都寄托在了我身上。他们对我妈也挺好的，时常说起我妈的好处来，还老给我说让我妈有空去他们家，一起吃顿饭什么的。

问：那你妈去过吗？

雷：我妈总共去过奶奶家两次，哎，是踏进过家门两次。一次是结婚的时候，另一次是他们决定去天水然后向双方家长分别辞行的时候。至于离婚之后，我妈一次也没有踏进过奶奶家的大门。我记得有一年过年期间，我正在奶奶家待着，妈妈正好也从天水回来，打电话问我在哪儿。我说我在北郊的同学家玩（雷在北郊确实有两个同学，就住在他奶奶家的那个家属院里，他妈妈知道），叫她来接我，其实我想骗她来奶奶家一起吃顿饭。接着我又告诉了奶奶，说妈妈今天会来看他们，在家里吃饭，两位老人也忙活起来。当妈妈已经来到院子里的时候，我在电话里告诉了她实情。没想到她知道后却坚决反对，说自己绝不进奶奶家的大门。我当时急得都快要哭出来，但是我妈非常坚定，任凭我怎么说也不答应。再后来，我只好给奶奶他们说妈妈临时有急事，来不了了，让我给他们道歉。最后我和爷爷奶奶守着一大桌菜，居然很长时间没人说话也没人动筷子。许久奶奶才说了一句话，“这孩子（指我妈）犟呀！”然后也哭了。过了一会儿，姥爷家打电话说叫我回去，我一时之间也不知道该怎么办，是该回去还是在这里陪奶奶他们。奶奶没有为难我，又给了我一个红包，又给我 20 块钱，让我赶紧打车回去，别让姥爷家着急操心了。我虽然努力控制着，但当时还是热泪盈眶了。

（喝了口水）那天晚上我回到姥爷家，见到我妈，我大声埋怨我妈，给她说奶奶爷爷听说她要去有多高兴，花了多大的工夫准备晚饭。我妈听了之后也好久没说话，也许她也觉得自己的做法不太合适。从那之后我妈开始每半年或者几个月就给爷爷奶奶寄钱，还写信嘘寒问暖的，不过总是说自己工作太忙，没工夫去看他们等等，始终没有去见过两位老人。我妈说她不好意思去，也不想让两位老人尴尬，大概两位老人也明白吧，所以就有这么一层窗户纸，妈妈和爷爷奶奶都心照不宣地不去捅破它。但是每年过年，我去爷爷奶奶家时，奶奶总是把我妈寄来的钱原封不动地给我，说他们虽然日子过得紧一些，但无论如何也不能再给我妈增加负担。

问：我觉得你的故事虽然很平凡但是却很感人呀。虽然父母离异，但是亲人们对你还是很爱护很热心的。

雷：那倒是的，我姥爷已经退休了，但他为了让我平时吃穿好一些，不顾自己年事已高，还经常在外面带几个作曲系的学生挣些钱。我以前小时候不懂事，但现在真的挺感激他们的。

问：呃，其实你已经不知不觉说了很多了，但是我还是要重复一下最后一个问题，在你的家庭的亲子交流当中，有没有你印象特别深的一两个事例可以说说的？

雷：哎，其实我平时的生活都挺平淡的。我妈我绝大部分时间都见不到，更别谈什么交流与冲突了。我妈每次见了我，就是叮嘱我要好好学习，然后给我一点钱，次次都如此，没有例外过。我对她这点其实也很不满。

问：你有没有想过，你妈妈的遭遇对于任何一个平凡的女人来说都算是非常艰难的了，但是她从没有委屈过你，或者对你表露出一丝一毫的伤感与迷茫，这本身就是很伟大的呀。也许她真的是被生活的重担打压得筋疲力尽，也许她是真的无暇顾及作为一个母亲应该做到的方方面面，才在和你的交流中产生了那么一点点的疏忽，我觉得你应该多多换位思考一下，可怜天下父母心，尤其具体到你的妈妈身上。

雷：（沉默不语）

【访谈小记】

访谈在小雷姥爷家的书房里进行，时间是 8 月 12 日早上。本次访谈留给我的印象就只是三个词：阴暗，沉默与尴尬。那间小书房本身面积并不大，挤着放下一台钢琴、一张单人床及一个书架，基本上就再没有转身的地方了，再加上本身又是不见阳光的一楼北，愈发显得阴暗，明明是大夏天，走进去也觉得有股寒气扑面而来。小雷头发凌乱，眼睛充血，只睡了不到六个小时。据了解，这个暑假每一天他都在西安市华润万家超市（著名的一家大型连锁超级市场）李家村店果蔬部打工，分早晚班轮岗，12 日那天他刚好是晚班，就是下午两点到晚上十一点（实际上到了十一点半还下不了班，但是第二天早上还有六点钟就开始的早班）。也许是由于本身性格就孤僻内向又有些愤世嫉俗，再加上身体的极度劳累，整个访谈经常出现沉默与冷场的情况，而且对于很多问题，他甚至一言不发，我只好略去了这些尴尬的空白。我清楚地记着，我拿起袋子离开的时候，小雷的小书桌上散乱地堆着发黄的旧书页，缺角的旧照片，镜框歪掉的眼镜，还有各种杂七杂八的证件，上面盖着厚厚的一层灰尘。

第三节 家庭访谈个案

导 读

在前两节的内容里，我们分别看到了父母以及子女们的真实情感和故事，在本节内容里，我们的访谈对象将不再是单方，不是父母或者子女个人而是整个家庭。我们可以通过父母和子女的言语中验证发现，到底什么促成了他们今时今刻的亲子关系，又有什么样的方法和形式可以促使这种关系得以在爱的供养里培育和发展？通过一系列的访谈记录，我们不难发现，父母和子女的情感并不是通过血缘关系就可以简简单单地培育的，爱只有在长久的陪伴的浇灌之下才能开出美丽的花朵，亲子关系也只有通过沟通的绸带维系才能编织出绚丽多彩的图案。或许无论是流动人口家庭还是别的家庭，都需要反思亲代和子代之间的关系，不敢表达的，不能表达的都需要以直接而热烈的方式说出口，才能看见冰雪消融，阳光灿烂。

个案15 只是为了上更好的学校

访谈者 文宏成

【访谈时间】2010年8月14日

【访谈地点】黑龙江省鹤岗市

【访谈对象】初中生小杉及其母亲

【访谈背景】这一次我来到黑龙江省鹤北镇，因为这里开发程度不够，交通闭塞，经济不发达，主要靠经营木材来维持，镇上的中青年多去邻近的县市打工。而经营木材的旺季是在冬季和春季，在夏季和秋季，木材厂的职工多是待业在家，但不是带薪在家，所以就出现了这样一批人：他们冬天和初春在家里干活，等到夏秋外出打工，这样就形成了短期的流动人口。我第一个访谈的家庭就是这样的背景。小杉是镇上该上初三的学生，母亲是木材厂的检尺员，父亲是运送木材车队的司机。小杉的父母冬季会回家上班，夏天就去外地打工，小杉在这段时间就和爷爷奶奶住在一起。我去的那段时间小杉的母亲在家。

【访谈内容】

来到小杉家的客厅，布置比较简单，而且床和电视放在一个屋也说明她家并不常有外人来，给我的感觉就是干活工作在他们的生活中占着绝大的比例。

我：你爱人上班去了啊？

杉母：他去外地打工，没活了就回来一趟。我这也是赶上没事，回来看看。

我：他是常年出去打工吗？

杉母：他在这边的车队给人开车，鹤北局（鹤北林业局）主要就是靠倒腾木材，一般都是冬天的时候有活，夏天是淡季，年轻的都出去找活干。

我：我听家里人说这边小孩上个高中费用不少啊。

杉母：嗯，这边上个好点的高中一年学费就得一万，三年下来没个四五万不行。鹤北局教育水平一般，所以都指望着小孩好好学习，往外边考啊。

我：那小杉在学校的成绩怎么样啊？

杉母：在她班里就是个中上等，十来名的样子。

我：不错啊，再努努力，考到宝泉岭一中（宝泉岭是鹤北局旁边的县，这所学校是当地的重点高中）应该不是问题啊。

杉母：唉，主要是希望她能考上免费的，这样能减少点负担。

我：嗯，是，现在家长挣点钱也不容易，小杉也是个好孩子，平时多鼓励鼓励她，还有一年足够了。对了，我看这边一到寒暑假给小孩补课辅导的班不少啊。

杉母：嗯，前几天我还给她交了钱让她补补英语。这边的小孩都上辅导班，你不上不就吃亏啊。

我：那她没说愿不愿意去？

杉母：她说去，小孩还是挺懂事的，跟她说明白理，她都能听得进去。

我：在家是不是都是你主要负责管孩子啊？比如学习生活什么的。

杉母：她爸平时不咋在家，就是冬天的时候下班也比较晚。她家长会啊都是我去，在家的时候晚上上晚自习都是我去接，平时给她做做饭，洗洗衣服，陪她写作业。我只有初中文化，也没法辅导她，就是尽量给她创造个好环境吧。

我：那孩子应该和妈妈更亲吧。

杉母：呵呵呵，这孩子和她爸亲，她爸好惯着她。

我：哈哈，可能是孩子和爸爸见面时间少，会显得更亲近点吧。小杉是不是个好有事憋心里的小孩啊？

杉母：不是吧，但是她也不大爱说话。

我：那如果说她在生活或者学习中遇到了一些问题的话，她都好跟谁说呢？

杉母：她爸在家就好跟她爸说，她可能是嫌我好唠叨。

我：小杉会不会有时候和你顶嘴之类的。

杉母：她有时候觉得委屈就不和我说话，过会就好，小孩，慢慢也能理解大人。

我：小杉放假了也经常去找她同学玩玩啥的吧？

杉母：有时候去，但是不想她老往外跑，毕竟是个小姑娘。她也挺懂事，没事就在家看看电视，学学习啥的。

我：嗯，是，你们不在家的时候，她跟爷爷奶奶住一块是吧？

杉母：对，到饭点了就上她奶家吃去，上学的话就自个儿骑车去，不上学就在家待着。（小杉和她爷爷奶奶住在一个院里。）

我：嗯，这样挺好，总算有个人照看着。

杉母：就是啊，还算放心吧。

我：那你觉得怎么做才能让孩子和家长的关系更融洽点啊？

杉母：呵呵呵，小孩得多体谅父母的难处，家长多跟孩子讲讲道理，但是别太絮叨（唠叨），我就可能是唠叨了点。多沟通沟通可能会好点，毕竟都是为了小孩好，你说是吧。

我：对，大人操心受罪都是为了孩子能有个好点的奔头，哈哈。行了，姨，今天打扰了，你忙你的吧，明天我再过来和小杉唠唠，好吧？

杉母：行，呵呵。

第一天的访谈就结束了，第二天早上9点多，我再次来到小杉的家。

我：吃完饭了吗？

小杉：吃完了。

我：几号开学啊？

小杉：9月15日。

我：开得挺晚啊，假期作业多不多啊？

小杉：还行吧，都写完了。

我：那够快的啊，在班里能排多少名啊？

小杉：十来名吧。

我：平常你爸没空回家，是不是挺想他啊。

小杉：嗯。

我：平时也给你爸打电话啥的吧？

小杉：不常打，他比较忙。

我：那都跟你爸唠点啥呢？学习？

小杉：我爸好问我冷不冷啊，穿的啥吃的啥。不怎么跟我谈成绩啥的。

我：你爸关心你啊，不想给你太大压力，开学该上初三了吧，压力是不是挺大的啊？

小杉：还行吧，就是感觉老是上不去。

我：买点题自己没事就做做，多看看课本，你还有一年，这一年最关键，以前的成绩都没法说明啥，关键要看自己啊。

小杉：嗯，慢慢努力呗。

我：你是不是觉得你妈对你的成绩特别关心啊。

小杉：嗯，没事就说我，都烦了。

我：呵呵，其实她也是为你好啊，想让你考上好高中。那如果说你平常学习有问题了都跟谁说啊？

小杉：找老师吧，跟我妈说就又得唠叨了。

我：呵呵，这样啊。到了夏天爸妈都出去干活了，你跟你爷爷奶奶住一块有时候是不是觉得没意思啊。

小杉：嗯，挺想他们的，但是也就是这几个月，我妈有时候也回来看看。反正这样的话就是比较自由了，有时候没我妈在旁边唠叨还不大习惯。

我：觉得和周围的同学处的还不错吧。

小杉：嗯，还可以。

我：爸妈不在家的时候会不会感觉很孤独难受之类的？

小杉：有时候会，现在慢慢习惯了。

我：你现在有没有什么特别想完成的愿望？

小杉：考上免费的宝泉岭一中吧。

我：是不是你妈经常跟你说才让你有这个想法的？

小杉：也不算是，免费的能省不少钱，这样他们也不用老去外面打工。

我：行，这也算是你的动力了，好好努力。你对爸爸妈妈有什么想法没有，就是说你希望爸妈怎么做更能让你接受。

小杉：我希望我爸更关心我一点，我妈能多理解我，别老是说我。

我：你觉得你爸对你不够关心是吗？还是说你们相处的时间太少，想和爸爸待的时间更长点。

小杉：想和我爸能有更长的时间在一起。

我：行，小杉，今天就先这样吧，希望你好好努力，考上免费高中，谢谢你了！

【访谈小结】对小杉一家的探访给我的第一感觉是，像这种短期的留守孩子，他们中的一些人比较能够体谅父母的难处，更早地树立一种责任意识。而且短暂的留守给了他们培养独立的空间，比较渴望家人团聚，看重亲情和友情。但性格会倾向内敛，有时候会感觉很孤独。

除此之外，当地的教育实际上已成为这里有学龄儿童家庭比较沉重的负担，像小杉这样的家庭在整个鹤北镇还有很多。所谓的好学校的教育资源有限性和家庭望子成龙的殷切希望显然是有矛盾的，而随之而来的经济收入不高和高额的教育费用的矛盾也就显现了。

探讨教育问题已经偏离了这次调研的主题，但是如果教育的成本降低，所谓的好资源不再这么匮乏，小杉的父母或许就不必这样四处谋生，也许所谓的短期留守也就不复存在了。

个案 16　少年小五之烦恼

访谈者　文宏成

【访谈时间】2010 年 8 月 20 日

【访谈地点】黑龙江省鹤岗市

【访谈对象】小五和他的奶奶

【访谈背景】在鹤北去的第二个家庭：小五今年 17 岁，今年没有考上高中，14 岁的时候小五的父母离婚，他被判给了父亲；小五和爷爷奶奶住在一起，父亲也和上面的小杉一样，冬天在家上班，夏天外出打工。

我：小五今年该上高中了吧？

奶奶：没考上，这孩子不咋争气，大人真是操死心了。

我：我记得他小时候不是挺聪明的吗？

奶奶：都是他那个妈整的，孩子说不管就不管了，真是昧良心，他爸得挣钱养家啊，哪有空管他，我和他爷爷都七十多岁了，实在是使不上劲了，这孩子也是不长志气。

我：他爸和他妈啥时候离的婚啊？

奶奶：他上小学六年级的时候，那个时候他爸爸给人家帮忙盖房子，结果他爸从房上摔下来把肋骨摔断了，就住院了。完了，他那个妈之前就和别人扯上了，这下子又嫌乎他爸，就说要跟他爸离婚，小孩她也不要了，你说有这么狠心的妈吗？

我；这种人心不善，也不会有好结果，你也别想这些了，再气着犯不着。那他爸妈离婚后小五有没有什么不正常的行为啊？

奶奶：有一段时间这孩子就好发呆，一生气还好用小刀割自己的手。以前可淘气了，从那之后就不大说话了。

我：那没问问是怎么回事吗？

奶奶：他不说，半天吭哧不出一句话。反正自从没人管了之后这孩子变化挺大的。

我：小五在学校的表现怎么样啊，和同学相处的好吗？

奶奶：他不爱说话，也不讲卫生，整天邋里邋遢的，上课经常走神，成绩也不好，没几个人愿意跟他玩。这孩子现在挺孤僻的。但是他们学校的老师知道他没妈，还是挺照顾他的，他有时候也去他老师家玩。

我：他妈也来看过他吗？

奶奶：一年见不着一回，唉，都不想提她，连抚养费都没给过。

我：那就告她啊，一告一个准。那他还想他妈吗？

奶奶：他嘴上说他妈不好，但是心里还是想有个妈。有一回俺家大孙子发烧，他妈照顾得可精细了，然后他（小五）就跟我说，我大娘对我哥真好。其实他就是没人疼啊，心里难受。

我：嗯，那他爸也没空管他吗？他和他爸的关系怎么样啊？

奶奶：他爸离婚以后就把房子卖了，搬过来和俺们一块住。一到夏天就出去打工，冬天在车队修车。他爸也是没空管他，他和他爸亲，他爸一回来就比平时笑脸多点，话也多点。这孩子要是能有个人管着也不至于这样。

来到小五的屋里，里面很杂乱，小五就躺在床上，摆弄着一个学习机。小时候这孩子显得挺机灵，现在眼神有些发木，衣服不合身也很脏，裤子还有补丁。

我：还认得我吧？

小五：点点头

我：你爸还没回来呢？

小五：他得过段时间。

我：中考没发挥好啊？

小五：不是，反正也都不会。

我：那有啥打算？再念一年？

小五：不想念了，也没啥打算。

我：平时你爸不在家是不是挺想他的？

小五：有时候想。

我：那也给你爸打电话吧。

小五：一般都是我爸给我打。

我：那都唠点啥呢？

小五：没啥。

我：哈哈，不问问你学习情况，吃的咋样穿的咋样？

小五：问不问还不都一样。

我：那你爸平时对你严吗？

小五：他不怎么絮叨我。

我：哈哈，那可不一样啊。你妈也来看过你吗？

小五：（没说话）

我：我也没别的意思（当时有点后悔提他妈妈，弄得比较尴尬），她现在还在这边住吗？

小五：没有，早搬走了。

我：嗯，平时也出去找同学玩吗？

小五：不咋去。

我：那不挺没意思的啊。

小五：自己玩呗。

我：你觉得和爷爷奶奶在一起住好还是像以前那样在家住着好啊？

小五：都一样。

我；爷爷奶奶平时对你是不是挺好的？

小五：嗯。

我：那就好好努力啊，你爷爷奶奶岁数也挺大了。对你爸有什么想法吗？就是说你希望你爸爸怎么做？

小五：能多回几次家。

【访谈小结】

小五算是我之前有过些认识，他在父母离婚后神情举止的改变让我感觉惊讶的程度就像闰土之于鲁迅。从之前很顽皮捣蛋的活泼少年到现在衣冠不整神情漠然的失意青年，让人感觉很触动。单亲加上短期留守，祖辈的力不从心，自己的一蹶不振，实在是一场悲剧。如果说他没有经历过父母离异，那么如我所接触的这些短期留守孩子一样，他也可以过得很自在；虽然单亲，但如果父亲能够常在身边，起码他不会失去方向，会有一个人能给他指导和慰藉；单亲父亲不常在身边，如果身边的亲戚能给予他足够的支持，他或许也不会是现在这样；单亲加上短期留守，祖辈力不从心，如果他自己有一颗上进心，不肯屈服于命运，或许大家依旧可以看见一个非常昂扬向上积极乐观的好青年。但所有的如果都不成立。如果每一个家庭能从最初的教育就注重孩子的意志品行的培养，或许所谓的单亲留守之类的外界环境反倒会成为孩子的一种历练，起码他们中的一些人不至于因此而自暴自弃。当然这可能只是我自己幼稚的看法，毕竟影响一个人的因素实在是太多了。

个案17 感恩的心

访谈者 文宏成

【访谈时间】2010年8月26日

【访谈地点】山东聊城东昌府区

【访谈对象】小四和小四的妈妈

【访谈背景】这次访谈的对象其实我认识，因为他家也是从黑龙江迁到这边，孩子随父母一同过来，之前就读的是黑龙江汤原县的小学。因为是老乡，所以比较随意，也能说出一些很真实的想法。

【访谈内容】

我：当初为什么要从东北迁过来？

姨：因为家里的亲戚有在这边的，而且这边的教育质量要比东北好，所以为了孩子就搬过来了。

我：从东北迁到这边你最不适应的是什么？

姨：刚来这边的时候什么都很陌生，有那么一点不适应，但是慢慢就好了。

我：小四刚来的时候有没有什么不适应的表现之类的啊？

姨：刚来的时候他还才上小学，在学校里根本听不懂这边老师的方言，所以跟不上课，因为交流有障碍，跟同学也玩不到一起去。唉，反正刚来的时候成绩很差而且也很孤僻。

我：那你和叔叔可以多鼓励鼓励他啊。

姨：嗯，可能刚来时候我们压力都比较大，也没有太多的时间和小孩沟通。

我：那之后小四有没有什么转变呢？现在他的成绩很好，而且也很积极乐观啊。

姨：之后因为厂里不景气，我先下的岗，他爸爸的单位也就是硬撑着，实在是发不出工资来，家里条件也不咋好。后来我出去打工，他爸爸还靠着这个厂子，平时也没有活干，在家能和孩子交流得多一点，小孩反正慢慢地也懂事，知道家里的困难，所以学习还是很努力，人也变得开朗一点了。再后来等他上了高中，我们就直接把他送到学校里住校。在学校里和同学在一起反正也算是一种磨炼，加上他自己也挺上进的，所以成绩还不错，人缘也行。

我：小四成绩不好的时候你们是怎么处理的，鼓励他还是责备他呢？

姨：我和他爸爸从来没有因为他考得差而骂过他，我们觉得孩子本身压力就很大了，不想给他再造成什么负担，给他一个比较宽松的环境可能比动不动就打骂更利于他成长。

我：我觉得小四肯定很早就对感恩有了理解了，有你们这么好的父母。小四平常如果有烦恼的话，会比较倾向和谁说？

姨：一般都和他爸说，他在学校里从来不违纪捣蛋，一般就是学习上的一些事。

我：那平时你们最经常和他谈的问题是什么呢？学习还是生活？

姨：现在一般都不咋管他的学习，他很自觉，我们也不想给他什么压力，他回家我们就给他买点肉，做点好吃的。

我：我觉得你们教育小四还是挺成功的，有什么心得吗？

姨：心得倒不敢说，就是觉得要对孩子有颗平常心，要给他足够的宽容和关心，小孩自然而然就可以成长得很好。

子代访谈如下：

我：你觉得现在什么东西在你心里比较重要，相比于其他更加珍贵？

小四：家吧，一直都把家看作最重要的东西。

我：听你妈说刚来的时候很难适应这边的学习和生活，但是现在你变得很优秀，讲讲有什么心得吧？

小四：刚来的时候因为听不懂方言，加上年龄小适应能力不行，而且自己也比较瘦小，总之就是感觉很自卑。那个时候还没有房子，爸妈工作还都不稳定，他们也没太有空管我，但是我妈妈那个时候总是隔三岔五地来学校看我，担心我被人欺负、被老师批评，现在想想挺心酸也挺感动的。那个时候每天最大的念头就是等着我妈骑车接我回家。等到上了初中，那个时候我爸厂里不景气，没什么活，所以每天放学之后我爸都能跟我谈谈，给我鼓励鼓励之类的，在学校里我那个时候挺愿意写个文章之类的，虽然不咋地，但是有时候也会被老师同学认可，所以慢慢地觉得自己其实也不错，我觉得我的自信心是从那个时候开始的。再等到我上高中，去学校住校，在宿舍里认识了一些很真诚的朋友，老师对我也很好，家里也从来没给我什么压力，所以有时候我感觉青春期的叛逆好像对我不起作用，所有的事都很合理，很利于我自己，就是这样了。

我：那你现在后悔自己背井离乡吗？

小四：老家的风土人情对我影响挺大的，如果让我选择的话我希望还是在老家待着。但是既然已经来到这边了，而且也已经适应这里了，更主要的是父母因为我的教育已经牺牲很多了，所以我还是不后悔离开老家的。

我：那你觉得对像类似你这种情况的小孩有什么建议吗？

小四：要有感恩的心吧，不能忘记自己的家庭，再有就是要自强，不能受环境的影响。

【访谈小结】

结束了对小四一家的访谈，其实很多东西都能让我产生共鸣，因为他们的一些经历我也经历过。对于小四的家庭，短期的风土人情的难以适应是可以熬过去的；工作的不稳定，生活的拮据是可以熬过去的；而且他们用实际行动证明了困难对于一个温馨的家庭算不了什么。我对这个家庭表示深深的敬意，不论是父母对孩子那种宽松的充满爱的教育方式，还是孩子用行动对家庭的回馈。有爱的家庭就会有不平凡的生活轨迹。

个案18　草原父母对女儿的歉意

访谈者　乌丽雅苏

父母一直忙于在草地养牛羊，想为女儿多积累一点财富，却忽略了从小就离开他们上学的女儿，等到他们想把注意力放到女儿身上时，似乎为时已晚。

媛媛是一个即将升入初三的学生，她家现在在内蒙古自治区呼伦贝尔市新右旗阿镇上，在内蒙古自治区乌兰浩特市求学。但是在一年前他们家在镇上是没有固定的居所的。媛媛的父母初中毕业后一直以牧业为生，家里财产主要是现在在草地的三四百只羊，几十匹马以及用贷款买的镇上的一所楼房。

早在媛媛上小学的时候，由于父母在草地放牧，她只能借住在阿姨家中。阿姨待媛媛如亲生女儿，但同时又由于不是自己的孩子，觉得不便严厉管教，反而有点溺爱，导致她在成长的过程中少了那一份对家庭的责任感，学习成绩也一直不是很理想，性格也有点犟。跟学校方面的联系，如家长会等大多也都是由媛媛的阿姨来参加的。由于跟媛媛日常生活中的接触相对较少，再加上与校方的联系也甚少，虽然父母会经常向阿姨打听媛媛的状况，但是总的来看，他们给予孩子的关心爱护还是相对较少的。或许，有时是因为碍于自己学历的缘故，媛媛的父母有时在孩子的问题上总是拿不定主意。

当媛媛还在新右旗一中上初一的时候，由于她的成绩在班级里很不理想，家里，他的父母，包括她的阿姨都试着找各种方法来提高她的学习成绩：上各种辅导班，同时又加强对她学习上的监督。但是到了初二，她的成绩并没有任何起色。家长在与老师的交谈过程中，甚至有老师会直截了当地说："你们这个孩子真的不适合学习！"这句话对于媛媛的父母来说是当头一棒。他们开始寻找其他的出路，想尽办法来谋划孩子的将来。

正在这时，挂着内蒙古艺术学院头衔的一些人来新右旗招生，并称如果通过面试可直接到艺术学院名下的高中读书，之后便可直接转入内蒙古艺术学院学习，有国家认可的毕业证书。原本身材不错的媛媛参加了面试后，顺利进入了舞蹈班。父母听到这个消息如释重负，并从各方面了解这个所谓的艺术学院名下的高中。虽然在了解的过程中也听到过负面的信息，但是对他们来说，这可能是黑暗之中的一道光芒了。没过多久，母亲便领着媛媛到呼和浩特报到。但是去了之后才发现所谓的艺术学院直属高中只是几个退休教师开办的私立学校，且不说教学质量得不到保证，颁发不了国家认可的毕业证书，而且根本不能保证之后能顺利到内蒙古艺术学院就学。说白了，就是打着艺术学院的名义欺骗学生的一个私立学校。

看到这种情况，母亲只能领着媛媛回家。但是经历了一个转学风波，媛媛却不愿再回到以前的学校。经过各方面的考虑，家里决定把婷婷送到乌兰浩特市红旗中学降级重新上初二。一是，在那里没有爸妈和阿姨的溺爱，媛媛会变得独立起来，可以培养她的责任感；二是，那里的学生大多都很勤奋，教学质量也相对好一些，希望媛媛能受到那里环境的影响，成绩有所提高。同时，媛媛的父母也卖了家里的一部分羊，作为楼房的首付款，在镇上买了一套房子，希望假期女儿回家的时候能有一个好的学习环境。

现在媛媛已经是红旗中学初三的学生，但是成绩也未见有多少提高。在升初三的考试中，由于总成绩没有到达400分，她被分到了慢班……

父母一直很担心媛媛，想尽一切方法提高媛媛的成绩，但是媛媛的心却总不在学习上。我想，小时候的学习环境的影响构成了媛媛现在学习成绩不理想的主要原因。如果在媛媛刚开始上课的时候，父母就像现在这样关心她的学习成绩，为她营造好的环境，情况一定会大不相同。

个案19 重组的家

访谈者 乌丽雅苏

这是一个看似普通，却有着与平常家庭不同故事的家庭——它的成员来自三个不同的家庭，一个重组的却美满的家庭——

父亲朝鲁39岁，新右旗某苏木（乡）副苏木达（公务员、乡副书记），母亲高娃38岁，新右旗某单位职员。大女儿朵兰16岁，大儿子苏和16岁，小儿子戴钦9岁。家庭年收入大概七万多元，在镇上有一所住房和一辆奇瑞QQ小轿车。

我是在午饭的时候到被访者家里去的，母亲，一个女儿和一个儿子围坐在饭桌旁，一幅其乐融融的景象。

饭后家里的女主人向我介绍了他们家庭的大概情况：

大女儿朵兰是母亲高娃与其前夫领养的孩子。她的前夫由于嗜酒，在跟她结婚四年的时候查出患有肝硬化，之后又由于这个病去世。而现任丈夫因为与他的妻子不合，选择了离婚。在高娃丈夫去世后两年的时候，原本就认识的两个人走到了一起，组成了一个家庭。朝鲁将与前妻的一个儿子苏和带来与他们一起生活，并且在结婚后一年的时间内，他们有了自己的孩子戴钦。

朵兰在小时候曾在汉语授课的小学读过两年的书，但是由于语言障碍等各种原因，学习成绩一直很不好。后来又转到一所蒙语授课的小学重新从小学一年级开始上课，现在在新右旗一中读初三。她母亲说，可能是由于小学时基础没有打好，同时又由于当时的学习环境不理想，使孩子现在对学习失去了兴趣，造成了她成绩不太理想。

从母亲说话的方式中我能感觉到她的焦虑。她说，明年孩子就要考高中了，希望她最起码能考上海拉尔区第一中学，如果实在不行，只能选择让孩子继续读镇上的职业中学了。

大儿子苏和是朝鲁和他前妻生的，由于现在是暑假，苏和搬过去跟她母亲生活。苏和今年以400多分（总分630）的成绩考入海拉尔区第一中学，成绩中等，生活上也不怎么让父母操心。

说到小儿子戴钦，母亲高娃又充满了动力，但是眼神中又能看出一丝的不舍。她说，虽然戴钦才9岁，但是现在已经离开家在海拉尔区胜利小学读三年级，学习成绩不错。长期借住在朋友家中，每月的花费大概一千元。每个月自己都会去看望孩子，在各种假期也会把孩子接回家中。“基础还是要打好的，现在只希望他能好好上学，大点后能考上重点学校。虽然说想把孩子留在身边，但是有时真的会想有多远就让他们走多远，他们能创出自己的事业就再好不过了。”

在听过母亲高娃的话之后，我顿时觉得因为朵兰和苏和不是他们亲生的，父母对他们的关注度远小于戴钦。但是后来通过跟朵兰的沟通中，我反而打消了这个念头。她说她一直知道自己是被领养的孩子，但是自己也不会因为这个原因而感到自卑。父母待她一直如亲生女儿，没有任何偏见。同时对孩子们，包括她，从不打骂，一直是跟孩子们讲道理。

虽然不能与热播的情景喜剧《家有儿女》中的家庭匹敌，但是这个家庭的环境完全不能让我想到这样错综复杂的关系。真地希望他们家的这种情况能继续下去，真地希望他们能一直很幸福。

个案20　可怜天下父母心

访谈者　乌丽雅苏

可怜天下父母心，父母总是能成为孩子最好的导师，然而导师并不能教会你所有东西，太多的客观理由形成了两代人之间的鸿沟，让我有种心有余而力不足的感觉，真希望她们能够早一天彼此敞开心扉——

妈妈认识的一位女医生家的情况比较特殊，可能有一定的典型性。我便在妈妈的推荐下在休息日拜访了这位医生。

我简易地开始了访谈，首先了解了一些她家庭的基本情况。

她的丈夫没有工作，40岁，牧民，长期在镇上和草地的牧点上两头跑。但是他们雇佣羊倌，每月支付1800元钱。他们有羊1000只左右，按一只成年的羊1200元，中等的1000元，羊羔500元计算的话，年收入大概在12万多元。

她自己40岁，在新右旗人民医院工作，月工资2700多元，因为工作的关系长期居住在镇上，有一套楼房。

然后我们切入了正题，聊起了他们的儿子。这时他们的儿子也在家，但是没有从卧室里面出来接受访谈。

儿子在海拉尔区胜利小学读六年级，汉语授课，借住在其他人家，除去零用钱、月话费要交600元。

有时，儿子在周六日时会找时间回家，母亲也会经常去看望儿子，但是父亲由于要照顾在草地的羊群，所以不是经常去看望儿子。也可能是是由于父亲的文化水平较低，对儿子的学习与生活帮不上太大的忙，所以一直在牧区挣钱，也算是对家里的贡献。说到这里，她也流露出了些许的无奈之情。相比之下，母亲和儿子沟通时共同语言比较多一些，儿子年级低一点的时候自己也能够辅导他的数学、语文之类的课程。虽然随着孩子课程的深入，在学习上母亲渐渐帮不上忙了，但是也能够象征性地进行辅助与监督。去年像许多家长一样跟风给孩子买了台电脑放在卧室，她说有高科技含量的工具可以帮助孩子学习，但是也不是很放心。因为孩子周末或者是寒暑假回家后待在卧室里的时间明显变长了。她还说这个东西她也不懂，当初真就是看别的家长都在买就心急买来了，虽然知道这事儿有利有弊，但也无可奈何。这时她问我电脑真的能学习很多吗，我告诉她互联网上信息量很大的，多接触电脑对您的孩子必然有好处，但是您也得注意不要让孩子沉迷。这位和善的母亲微笑着点了点头。

儿子目前学习中等，且波动较大。好在比较听话，只不过性格比较内向，在外学习生活也不知道会遇到些什么困难。母亲则是常常以电话形式或者上老师办公室询问孩子的情况，这一点也可能是打动了老师，对她孩子关心有加。其实从她接受我访谈的这一点来讲，我就能感受到她对孩子是很用心的。

她还向我透露，儿子从小在学习上就依赖性较强，所以有什么问题总是由自己来帮他，而且是被动的。所以这位母亲就开始担心，一方面孩子回家的频率最多每周一次，时间不是很多；另一方面，自己对孩子学习的内容不是很懂，所以也很难看出问题并帮助他。孩子初中开始上英语课了以后更为严重。于是和老师商量之后，对于孩子学习起来困难的学科，父亲打算找周末辅导班辅导，这样一来，孩子回家的时间更少了，我们做访谈的时候这位母亲仍然在为这件事情踌躇不定。

其实蒙古地区的教育存在着诸多类似的问题，我们采访的家庭的情况算是比较好的，起码能够发现问题并去努力解决它。因为牧区群众的文化素质普遍较低，对于子女教育情况以及教育本身的重要性不是很清楚。甚至有很多盲从般地“送孩子去上辅导班”，这种举动似乎暗含了一种盲目性投资的情形。所以，从这个角度来说，这个家庭的问题代表了社会上普遍存在的教育盲从性。

个案21　平淡的幸福

访谈者　李颜琳

【访谈时间】2010 年 8 月 20 日 16 时

【访谈地点】吉林省通化市二道江区五道江村大街上

【访谈对象】家在五道江本地，从初中起外出求学，现在外地读大学同时打工的小宇同学及其父亲

【访谈过程】

选择五道江作为访谈地点，是因为这里位于较偏远的农村。民风淳朴，同时外出人口较多。在这里兜兜转转了很久，意外的是很少有人愿意接受我的访谈。还被人怀疑为营销人员……但是在几经波折之后，大街上我遇到了与我同龄的小宇同学和他的父亲。小宇

同学欣然接受了我的采访。在五道江这个灰尘遍天的地方，我邂逅了这个幸福的家庭。原来，我们所见到的幸福，就在咫尺之间。

【访谈内容】

初中的时候由于地区问题，小宇的父母将他送到了市里求学，虽然离家不是特别远，但是繁忙的学业还是让他无暇回家。通化的教育是我亲身经历的，所以于此，我也能很深刻地体会到他的感受。即使再想回家，可是学业的压力还是让他难以如愿。常常都是半个月与家里通个电话，话说不到几句就放下。但是初中时期的小宇已经有了同龄人所不具备的成熟，他懂得报喜不报忧，懂得如何让父母宽心。家庭自由的理念让他学会追寻自己想要的。所以初中毕业之后，他留在了市里读高中。高中的学习压力更是无可比拟的，在这样的环境中，他依旧成长起来。

在填写问卷的时候，我觉得他的表情非常的平静，这是我在调研过程中很难在和他有类似经历的孩子们的脸上见到的。他很平和地说，他觉得父母给了他自由的空气，他的人生是自己抉择的，在这样的环境中，他没有去放纵自己，他没有辜负父母的信任。

小宇的父亲很内向，每每看到我们聊天，都只是憨厚地笑笑，正是这样一个父亲，才能给儿子一个成熟而自由的教育环境。

在说到小宇考上大学同时在外打工的时候，小宇父亲脸上不禁洋溢出一种自豪的感情。一所不错的一本，一个不错的兼职，确实让小宇在同龄人中略胜一筹。

当我想让小宇的父亲谈谈他的教育理念时，他只是很朴实地告诉我，他相信他的儿子。很简单的一句话，却灌输了很深刻的教育理念。

小宇还很大方地让我录了一段视频，这在我的访谈中是很难得的情况。他的得体与真诚令人感动。

【访谈者补记】

其实很多时候，幸福就是这么简单。父亲的信任，母亲的呵护，儿女的努力！我们所见到的幸福，就在生活中的每个角落，也许在路上遇到的下一个行人，他就会有让我们感动的幸福！平淡蕴于生活，幸福点滴心中。

个案22　本地爸爸外来妈

访谈者　朱　蕾

这是八月初的一天，我们于下午五点左右走进这家院子。夏天的傍晚，太阳还很炽热。院子里陆续有人回来，这家院子有七八间出租屋，每间屋里住着一户外来户。有的是一家子，有的则是独自一人。在这个炎炎酷夏，这些狭小的屋子显得窘迫而又无奈。炎热和拥挤使得人们不愿意在饭后还被困在屋子里。因而，夜幕之后过来，屋里通常是没人的。在此刻，女主人们一般都在忙着准备家人的晚餐，没空和你搭话。而下了班的男主人和暑假闲暇的孩子则是很好的闲聊伙伴。我们走了一圈，最后选了一家，走进这家的屋子。

小小的一间屋子容纳了四口人，爸爸、妈妈、姐姐和弟弟。由于做过问卷，彼此还算熟悉。我们就开始聊起来。这家爸爸是余姚大岚人，大岚位于四明山中心，是个山区，工业相对没有这里那么发达，妈妈则是贵州人。因而，在和他们交谈中可以发现，爸爸和孩子都可以讲地道的余姚话，妈妈则是讲余姚口音的贵州普通话。姐姐是个瘦小的女孩，黑黑的皮肤，文静的长相。姐姐在大岚的初中读书，弟弟还很小，却很调皮，常常在我们讲话的途中插口进来。在妈妈的口中，姐姐是个很会读书、学习很好的孩子。从小到大，在班级里成绩都不错。姐弟俩和爸爸住在大岚，妈妈则出来打工。在问及姐姐和妈妈的感情时，妈妈很欣慰地说，虽然不在一起，但女儿很乖巧、很听话，特别是她的话，女儿很愿意听。长那么大，女儿也没怎么让她担心，节省着过日子，不想给爸妈加重负担。

我很欣慰地看了看姐姐，问她将来有什么打算，打算和爸妈住一起还是自己出去单过。这个文静乖巧的女孩，看了看她的爸妈，用不响却坚定的声音说，想以后考上市里的好高中，像我一样考个好大学，然后再赚钱给爸妈买房子住。她很希望能和爸妈住在一起，能一家人开心的过日子。可见，姐姐还是希望妈妈能和自己一起生活，只是懂事的她并没有用撒娇来表达她对母亲的依恋，而是用一种对未来的憧憬来讲述她对一家人在一起的美好愿望。这样一个懂事的小姑娘，那张文静懂事的脸庞始终让我难以忘怀。

爸爸说，平时主要是他照顾姐弟的起居。姐姐比较大了，而且很懂事，不用他操什么心。他也表达了让妻子在外打工的担心和无奈。但是为了生活、为了保障姐弟俩今后的学习生活，他觉得有些时候也没有办法。所以，他经常在暑假或者周末带孩子过来，一家人团聚，来增进家人间的感情。

妈妈对人很客气，把屋子里仅有的凳子让给了我们。她和爸爸则站在一边。这间小屋，在放下一张床之后就几乎没有什么空余之地了。睡觉、烧饭、洗衣、学习都在这巴掌大的地方。显然很少有人，特别是陌生人，让他们有机会这样讲起彼此的心情。因而，他们也被彼此的表述、女儿的表达悄悄地打动着，屋子里弥漫着亲情的味道。

在我们走出屋子不久，我的眼睛撞上了一个在院子角落吸烟的中年男子。他蹲在摩托车旁，在落日的余光下显得有些疲惫和无奈。也许是很少看到拎个袋子，发发问卷、拍照又问问题的人，就把我们叫住，问我们是干吗的。我简单地讲了讲，问他有没孩子。他把头朝门口一偏说，有啊，一儿子，不知道去哪疯去了。说不定又去网吧玩电脑游戏了。这个儿子，真是不乖啊，一天到晚玩游戏，不好好读书，哪有她家女儿乖。还是女儿乖巧啊。他不禁这样感慨。正说着，只见一个小学高年级模样的男孩子走进院子。男人马上站起来，“J！……！”用带着浓重乡音的普通话骂了几句。男孩便头也不回地进屋去了。为了下次进一步交流，我们发了一份子代问卷给他，让他帮忙给孩子，就说下次来收。而他，则一再说自己不识字，不会填，我们也只好作罢。

时间总是过得飞快，走出院子，太阳已经不见了它的尾巴，黑夜正在铺天盖地地袭来。因为是夏夜，所以，那种喧闹并没有因为黑夜而止息，我们也决定再稍微逛一下。毕竟，一天中，让他们歇下脚来的时间并不多。而让他们闲下心来和我们聊聊也不容易。在这样的傍晚中，我们要寻找更多生活的故事，寻找更多会给我们讲这些故事的人。

个案23　叫声“奶奶”妈心痛

访谈者　朱　蕾

问卷的顺利让我们忽视了访谈中可能遇到的挫折。随后几天的访谈显得很艰难。我们在村庄里更多遇到的是怀疑和回避的眼神。不是所有人都会因为你是浙江大学的学生就将自己的人生经历倾囊相告。更多的人，是讲不出什么的无奈和为什么要告诉你的质疑。他们问得最多的是，你们做这个干吗用，对我们有什么好处，好处能到我们头上吗。说得最多的是我现在很忙，我没文化说不出什么。可是，总有故事在等着我们，总有人会需要我们的倾听与转述，抱着这样的心情，我们的访谈并没有止步。

刚开始是这家的空调吸引了我。在这个人挤人的村庄，本地人有空调已经是常事，但外来人装空调却是新鲜的。在这个不足30平方米的屋子外挂着个大空调是不协调的风景。也许，正是这种不协调吸引了我们。我们跨进门的时候，花花正在烧菜。花花是这家的女主人。花花是个开朗又害羞的女人。她爱笑，却很不习惯正式访谈。在你和她闲散地聊天时，她是个奔放派。当你拿出问卷，做起笔记，走学院风时，她又开始紧张，一副犯了错的孩子的表情。于是，我们只好收起问卷，继续奔放式聊天。花花有两个孩子，都是儿子，大儿子才出生不久，她就随着老公到余姚打工。现在，大儿子和爷爷奶奶还是住在老家江西上饶，小儿子则是一出生就一直带在身边，现在在长安小学念书。

花花的丈夫阿T是个健谈的人，谈起他的两个儿子，既兴奋又无奈。花花和她丈夫告诉了我们关于大儿子的三件事。第一件是要钱的事。一年春节，夫妻俩带着小儿子回家过年，吃好饭，大儿子突然开始找爷爷。T就拉住他问找爷爷干吗，儿子说要零用钱。T马上说，干吗找爷爷，爸爸不是在这里吗。顺手摸钱想给儿子，结果儿子却不领情，说找爷爷要就好。这让阿T很受伤，感觉儿子心中对他没有那种爸爸的感觉。花花说，他们一直不在身边，儿子已经习惯和爷爷奶奶住，要钱也习惯跟爷爷奶奶要，不习惯跟他们要。尽管儿子的学费、生活费都是他们寄给爷爷奶奶的，但在儿子的心目中，似乎只有向爷爷奶奶要钱才是理所当然的。

第二件事是阿T管教大儿子，让大儿子不要去网吧。每次阿T问大儿子为什么要去网吧、干坏事什么的，儿子都是很无所谓的态度说，我就想这么干什么的，让阿T很恼火。他觉得儿子没什么要跟他说，也不服他教，他的话没被记在心上。所以有的时候火一上来，就会大骂儿子，骂后又很后悔。第三件事是打电话，每次阿T打电话回家，大儿子都不想接，只有花花打，他才接。花花说，儿子怕他，他脾气暴，有的时候不好说话。儿子不跟自己亲近，跟他更不亲近，于是也更不好说话。这也让原本就疏离的父子关系雪上加霜。花花说，有一年回家的时候，儿子居然顺口管自己叫奶奶，这件事她一直很触动、很受伤，提起来的时候也是感慨万千。是怎样的疏离，才会让一个儿子叫自己的妈妈奶奶呢？我很难想象。大概是他们一开始就分开的缘故吧。还没享尽母爱的关怀，就被丢到奶奶怀中，儿子的“报复”居然是无意识地叫自己妈妈奶奶。这种伤心，大概只有经历过的人才可以体会吧。

我问阿T最想对儿子说什么，阿T说对大儿子，最深的感受就是对不住他，一直没陪在他身边。所以，现在开始努力拉近彼此的距离，有的时候也显得很徒劳，这让他非常无奈。他们很想一开始便是一家人生活在一起，但是为了生活没办法。老家没什么好干的活，也没有像这里一样的工厂，回去也只能种点东西吃吃，没办法供孩子上学。这里虽然赚得也不多，好歹能活下去，供孩子上学。花花说着。阿T也说，虽然钱难赚，但是只要孩子读书好，能读下去，就一定会让他读。这种决心，让我甚是感动。面对生活的无奈，有的人选择逃避，有的人选择艰难地面对。我想，这种面对的精神和期待的眼神是生活的必需品。

我的小跟班，也就是这次暑期实践的得力助手，我妹妹，深受这次访谈的影响，还要了大儿子的手机号码，仗着自己比他大一两岁，就对大儿子进行了一番教育、引导。后来，我碰到花花，花花还跟我说，上次儿子突然主动给他们发短信了，说了些暖心的话。我抿嘴一笑，心想，这小妮子还真不赖。

个案24　最亲的人是祖父母

访谈者　邓晨笛

【访谈时间】2010年8月12日早

【访谈地点】仙桃市龙华山吴奶奶家中

【访谈对象】吴奶奶，70多岁，仙桃人，女儿离婚后出外打工，现与老伴照顾即将升入高中的外孙，靠老伴每月七百多元的退休金生活。

【访谈背景】我在解放街居委会查找资料时，意外发现吴奶奶家的情况符合此次调查的需要。居委会主任表示这些资料是前段时间才更新的，也需要去走访一下。于是我跟着主任来到了吴奶奶家，在她的介绍下，吴奶奶欣然接受了我的访谈要求。主任在楼下向吴奶奶的老伴了解情况，吴奶奶则慷慨地把我带到了楼上唯一的一间空调房进行访谈。

【访谈内容】

吴奶奶的外孙唐唐是个16岁的大男孩，穿着清爽的白T恤和外婆坐在一起，不多讲话，只是面对特定问题时做简单的回答。唐唐的父母四年前离婚，现均在外务工，每月工资仅够勉强维持基本生活。目前，唐唐生活上完全由祖父母、外祖父母负担。考虑到上学便利，唐唐小学时由外祖父母照顾，初中时由祖父母照顾，现在即将升入高中，又搬到了外祖父母家。

吴奶奶介绍，虽然正是接触各种新奇事物的年龄，唐唐却从不向老人提要求，不爱玩也不打游戏，生活上的困难总是自己承担，不向长辈提。“每次问他要不要钱的时候，他总说手上还有。其实我们心里都明白，他哪儿能有钱呢，不过是省下的一点过早（吃早餐）钱备在身上……”吴奶奶讲述的时候有点哽咽，唐唐只是低头不作声。家庭的离异使唐唐很早懂事。吴奶奶反复感叹“穷人的孩儿早当家”，又回忆起唐唐爸妈刚离婚的时候，唐唐和妈妈过年时没有去处，自己故意开玩笑地吓他说“别到我们家来”，唐唐信以为真，竟认真地对妈妈说：“妈妈，我和你两个到旅社吃碗面过年行不行?”吴奶奶说听女儿讲起这些的时候，虽然嘴上笑唐唐把玩笑当真，心里却是满满的心疼。

对于女儿在外务工不能照顾唐唐，吴奶奶表示这都是为生活所迫的无可奈何，她动情地讲：“唐唐妈妈也是有心无力啊，只怪自己没本事，在外面东奔西跑不过是混碗饭吃，哪里还能补贴这里。上次她回来的时候帮唐唐收床，之后就哭着对我说：‘妈妈，帮我的儿把缝了洞的床单换了吧……’她也心疼她的儿，后来出几十块买了套新床单，但再心疼，能做的也只有这些而已……”唐唐一直在一旁默不作声地听着外婆的讲述，他似乎仍然无法认同父母的离开。平常，唐唐与父母的联系极少。为了省钱，唐唐的父母在全国各地跑都不用手机。唐唐无法主动联系他们，只是不定期地听说爸爸或妈妈前几天又到哪里了，已报平安。唐唐坚决地表示“不想念他们”，而被问到谁是最亲的人时，他想了很久回答说“爸爸妈妈的上一代”。

即使将爷爷奶奶、外公外婆看作最亲的人，唐唐与他们交流也相当有限。“我们的年代跟他隔得远了，很多事情自然说不上来。我们说的他不喜欢，他说的我们不懂。”吴奶奶说，自己和老伴也只是照顾唐唐的饮食起居而已，其他的事情管不来也很少过问，学习上也都是靠唐唐自己。一旁的唐唐听到这些仍然沉默不语，样子竟颇为深沉，看上去似乎已经习惯了将很多问题由自己承担，将很多情绪自己消化。

吴奶奶谈到现在勉强维持的生活，仍然忧心忡忡。老少三口都靠着唐唐外公一点微薄的退休费，而唐唐上高中后的学杂费、资料费都将是家庭的一笔巨大负担。吴奶奶迫切希望能像周围其他困难家庭一样获得国家的资助，而其所在社区居委会主任也表示，唐唐家庭的情况她也是不久前登记基本信息时才了解的，如果现在抓紧填写相关表格，10 月左右应该可以通过他们低保的申请。

【访谈员补记】

离异家庭与留守家庭的双重特征，在唐唐的身上表现得相当充分。当他说最亲的人是“爸爸妈妈的上一代”时，我听来竟有些心惊。这是多少身处这样家庭的孩子的共同声音！祖父母（外祖父母）早早地在他们的生命里扮起了“父母”的角色，而父母对于他们，则更像家里逢年过节串串门、一年见上一两面的远房亲戚。当越来越多的家庭中“爸爸”“妈妈”在孩子的心中不再有具体的形象，而只是一种指代，一种期盼，一种未能实现的感情的寄托时，我们不得不站在更高的角度好好思考整个社会亲子文化的问题与对策。

第四节　有留守经历成年人访谈个案

导　读

经历过留守经历的孩子们长大了，多年以后他们再回首去看过往的那段时光，又有怎么的反应呢？是早已释怀重新开始新的生活，还是郁结于心耿耿于怀。不管是怎么样，从我们的角度来看就仿佛昨日的时光尚没有溜走，留守的经历或多或少给他们当下的人生留下了印记。他们或者意气风发地憧憬未来，信誓旦旦留下承诺，又或者愤恨或者懊丧或者郁郁不得志，成年的他们都已经不再是当年无法决定自己的生活的孩童了，但他们却都仍然害怕着失去一些什么，想要牢牢地抓住些什么。我们希望从本节的内容里，找到那些成年人身上孩童的影子，理解过往的经历留在他们身上的印记。

个案25 “自私”的她

访谈者 汤萧羽

小张今年在上海读大学，长得瘦瘦高高的，戴一副黑框眼镜。

小张是个福建出生的姑娘，当时她的上面已经有个哥哥了。父母在她两三岁的时候去了广东做生意。这段时间的留守经历，因为年纪太小，小张表示印象并不深刻。小张四岁左右时，父母在广东站稳了跟脚，考虑到她差不多到了入学的年纪，就把她和哥哥也接去了广东，于是她在广东上了幼儿园。到了五岁时，小张爸爸妈妈又生了个小妹妹，于是一家五口人在广东虽然拥挤但不失美满地过起了小日子。

事情在小张上四年级上学期时出现了转折。父母的生意突然出了点问题，在广东也待不下去了，转而去了山西继续做生意。考虑到带着孩子转来转去不方便，父母最终决定送小张兄妹俩回老家福建上学，而妹妹因为年纪太小继续留在父母身边。

回到福建，小张和哥哥在城里的学校读书，平日里也都住校。学校距真正的老家有两个小时左右的路程。“在那段时间，我真的感觉（留守经历）是对我的性格有一点影响的。”她笑着说，“因为我常常一个月都想不到给家里打一个电话，我妈因此常说我‘特别的自私’‘没有良心’。”小张也提到自己的哥哥是和自己完全不同的性格，他不仅每周都准时打电话回家，而且每次都“边打边哭、边打边哭”；除了自己的父母，连各个亲戚都要挨个打一遍电话：因为他对自己转学回老家感到“很难过”。放假时，她就和哥哥一起回乡下。在老家，他们家是做茶农的，以培育铁观音为主。大伯留在家里，帮着爷爷奶奶种茶，而自己的父母和小叔则在外面做生意挣钱。在问到会不会在农忙时帮把手时，小张表示并不会。因为家里的劳动力够用，而且自己父母在外挣钱，也算是家里主要的经济来源之一，所以自己就心安理得地“在家里吃闲饭”。因此也就没接受过什么政府资助，因为家里经济条件还算宽裕。明显可以看出来，小张家的经济条件相较大多数留守家庭要好很多，她自己也表示从来没在物质上缺过什么。至于精神方面也还好。毕竟留守期间大都在住校，大家的父母都不在身边，也不存在什么太大心理落差，所以没有特别的感觉。另一方面，小张学习成绩也比较好，老师在日常生活中会比较关照一点。“特别是我的小学老师，对我真的很好。”小张还这样强调。问她父母在外会不会特别想念，她摇摇头表示并没有。但是后来她自己也提到，有一次，大概在她五年级时，妈妈回来了一次办点事情，中间到镇上买点东西，骑上车准备走了，小张当时看到只以为她刚刚才回来又要回山西，“我以为妈妈要走了，就在外婆家门口对着那条路哭了整整一个多小时。”这样看来，小张也并不是完全不留恋父母的，只不过并不怎么明确表达，在潜意识中依然有所流露。

就这样一直到了五年级。父母最终定去陕西西安继续生意。一到初中，就带小张去了那边读书。差不多高二上学期的时候，家里开始考虑她的高考问题。因为小张的户籍依然是福建的，没办法在陕西进行异地高考，于是不得已又转回了福建。这次小张是真的一个人过校园生活了，因为哥哥已经毕业，也无法继续陪着她。“不过那时候已经很适应了。因为之前爸妈没空，回老家我也都是一个人来回的。已经足够的独立了。”

但小张表示自己的留守生活也并非完全没有波澜。她小学时“大概因为脾气硬”在学校里被男生欺负过，当时很难过，爸妈不在身边也没地方告状。幸好自己哥哥在同一个学校上学，堂哥也在隔壁念初中部，还和社会上一些人士有来往，所以最后还是依靠一些“非常规手段”来“讨回了公道”。除此之外，刚刚转学回福建时，因为当地人都说闽南话而自己不会，所以有受排挤的感觉，别人说话也听不懂，无法加入当地人的小群体。但是过了一段时间同学们熟悉之后，彼此都知道对方是什么样的人，隔阂的感觉也自然地消失了。“而且我现在也已经会说闽南语了。”小张略带得意地说道，还现场表演说了几句。虽然我一句也没有听懂。

有关于留守经历带来的影响，小张说最明显的是自己比较独立，遇事自认为会比同龄人成熟一点。不好的方面，小张用自己哥哥举了个例子，因为小时候并不怎么接触，所以哥哥和爸爸之间有点隔阂，都不怎么说话；小张自己和爸爸倒是处得很好。还提到了小妹，因为从小被父母带在身边“有点被惯坏了”，基本上爸妈是“要什么就给她什么”。三兄妹和父母之间的情感都各有不同，比较微妙。与此相反的是和爷爷奶奶的关系，因为小学时是奶奶带的，所以小张和奶奶关系很亲密。这次只有十天就要开学了，她还是特意回了一趟福建，去看望奶奶再坐动车绕路回上海读书。包括当时非常照顾她的小学班主任也会经常回去看看。长大后遇到的其他的班主任就没有这么深的感情。听到这里，我私下猜测，或许是在儿童时期作为父母空缺的替代，才会因此移情到当时的班主任身上，当时的情感也就更深刻更真切吧。

在被问到如果面对和当时父母一样的困境时会作出什么抉择时，小张回答那要取决于自己的孩子是什么性格。因为自己当时就是表现得比较独立，所以父母才会放心让自己在他们的视线之外成长。即使到时候把孩子留在自己身边，应该也会采取“放养政策”，也就是不过多约束，最大程度地让他自己成长。问及原因，小张表示自己就是这么过来的，觉得这样的成长方式更轻松，压力会小很多，孩子也更快乐。

至于政策方面，小张表示物质上的政策不太了解，至于精神方面，把留守儿童当一般孩子就可以了，也不需要什么特别优待，她个人就不太喜欢被区别对待。

个案26　为经历的善良报恩

访谈者　汤萧羽

小黄是我采访的第三个人，她来自广西，现在在上海读大学，平时总是笑眯眯的样子。但一开口，就让我就有些心惊。据她描述，在她六年级时，她的爸爸就去世了。她还有一个姐姐，大她两岁，当时也只有初三。经历了这件事后，妈妈在家看护了孩子一年，平时的收入来源主要就是靠自己开早餐店。一年后，大约是感觉孩子都比较懂事，再加上小黄的妈妈看光靠早餐店的收入实在无法支撑一家人的生活，经过同村人的介绍，去广东打工了。从此妈妈只有过年、中秋之类的重要节日才会回一趟家，因为回家路费比较贵，不舍得花太多钱在这上面。

根据我前面采访的几个人的经验，我本以为两个女孩家会有老人在老家帮忙照顾，没想到小黄接下来就说自己的爷爷、奶奶和外婆也很早就没有了，家里只剩一个外公，也行动不方便，还需要别人去照顾他，所以基本上是自己和姐姐两个人自己在村里生活。生活中遇到的不便也确实有，比如最困扰的事情之一就是家里面电器坏了。有一次家里电路坏了，电灯什么的全部都不亮，自己和姐姐都不会修这个，最后还是跑到住边上的叔叔伯伯家请他们来帮忙才修好的。小黄说，虽然那时候是比较困难，但是好心的人也有很多，邻居都是和爸爸妈妈很熟的，也看着她们两姐妹长大，平时需要的地方都会相互照应一下。

到了高中，小黄就住在了姨娘家，因为到学校的距离比较近，坐车只要半个小时就到。平时做饭洗衣服都是自己来的，反正从小就做惯了这些，也没有觉得辛苦。就是相比较住在村子里，稍微孤单了一点。

还有一点小黄与我之前访谈过的同学明显的不同是，她是接受过政府和社会的资助的唯一一人。但并不是因为“留守儿童”这一身份，而是因为当时她们家是低保困难户，每个月镇政府都会发放补贴，然后小黄姐妹俩就在平时周末回家时顺便去村政府领一点钱。具体的数额，小黄说时间过去太久，自己记不清了，但是足够日常生活使用，吃饱穿暖是可以的，不过，理所当然地，基本上不会有外出娱乐的活动。同时，学校里也会有家庭情况调查，发现她们家比较困难会有相关的减免补助。除此之外，小黄表示自己印象最深刻的是高中时，台湾那边有专门的慈善人士到学校里做慈善，会有一对一或者一对多的帮扶补助。一般就是通过一晚上和孩子熟悉一下，聊聊天，谈谈以后的梦想，在精神上也会鼓励孩子加油，之后也陆续收到过物质上的资助，还留了慈善人士的联系方式保持日后联系。

到了现在，小黄的姐姐已经大四了，即将工作，家里又将多一份收入，已经不再像以前那么窘迫了。小黄也说自己从来也不会因为自己姐妹俩被留守而觉得不公从而抱怨些什么，因为知道大人是为了自己好，这也是他们家当时唯一的出路了。

至于影响，她认为留守生活比较锻炼生活上的自立性，她和姐姐从很小开始就学会自己照顾自己了。虽然家里人都在各个地方分散，只有过年才聚在一起，但是身边也有很多像亲人一样照顾她们的邻居。

在被问及“如果经历了和妈妈一样的情形时，会选择让孩子留守吗”这一问题时，小黄低下头思考了一下，回答说自己也不会带孩子一起出去，因为自己在外面工作没有精力照顾孩子，万一出了事在外地也无依无靠，不见得对孩子好。相反留在家里的话，附近的邻居都很热心，可以相互照应，这样自己也比较放心。所以在这个方面，小黄表示自己很佩服妈妈，因为妈妈当时是一个农村妇女，但是想法很多，又开早餐店又做生意，换成自己做的可能还不如妈妈好。

小黄正在读大学，但是她已经想好了自己并不会留在大城市工作，她出来只是学习，最后还是想要回老家。因为她对老家的感情很深，觉得自己一家是接受了家乡很多人的恩惠日子才一点一点好转的，所以可以的话以后也想回去，生活在那里。“我们家好心人真的很多。”她这样反复强调。

她觉得自己从小到大说一点情感上的挫折都没有遇到过那肯定是假的，但是确实遇到的还是善良的人更多。留守经历给她带来情感上的负面影响很少很少，相反她觉得非常感恩。“心态好的话，身边的人都是善意的。”最后，她这样子对我说。

总而言之，小黄是我的访谈对象中相对特殊的一个，相比小黄其他访谈对象的经济条件更差一些，所以“留守儿童”这一身份在她身上的体现并不如“贫困”给她带来的影响多。整个访谈中，她总是对自己家的贫困状态轻描淡写，而对于人们的帮助反复强调，对于回老家工作也是抱着一种“报恩”的心态，这和我之前采访的另一个因为“落叶归根”的思想而希望回老家工作的人也有着很大的区别。

个案27　绝不让我的孩子重蹈覆辙

访谈者　陈文汉

【访谈时间】2017年9月12日9时

【访谈地点】浙江省杭州市江干区九堡镇杨公社区

【访谈对象】林小姐

【访谈背景】

林小姐籍贯浙江温州，今年27岁，已婚，育有一子，现在和丈夫一起生活在杭州，孩子今年刚满一岁，带在自己身边。林小姐现在从事着一份在教育机构当老师的工作，自己对工作比较满意，有着比较优越的收入，但是长期上来说这份工作并不适合自己。

林小姐从4岁便开始了自己的留守生活，一直持续到了18岁成年。林小姐在留守期间和自己爷爷奶奶关系十分亲密，相对来说对待父母的感觉就比较淡漠。林小姐现在家庭关系和谐，幸福美满，对于自己现在的一切都比较满意。

【访谈内容】

林小姐从 4 岁便开始了自己的留守生活，因为年龄太小的缘故并未能够参与到留守决策的过程当中，她只是被告知了父母要出去做生意这个原因便被留在了家中。所以林小姐小的时候和父母亲的关系并不是很好，林小姐说："父母亲走的时候我并没有什么太大的感觉，认为只要爷爷奶奶在身边就好了。"当初林小姐离开爷爷奶奶的时候会哭，但是离开父母亲却可开心了。她和我分享了这么一个小故事：小的时候，寒暑假林小姐就会去父母身边一段时间，有一次奶奶送林小姐去往父母亲所在的城市，当奶奶要离开回老家的时候，林小姐并不愿意奶奶回家。林小姐觉得反正小时候和父母并没有什么关系，和爷爷奶奶更加亲近一些，因为爷爷奶奶一直陪伴在自己身边，而父母亲却从来不在。

聊到当初留守经历的时候，林小姐说当初读初中的时候，会有家长接送自己的小孩。林小姐觉得如果是自己的亲生父母来接送感觉会好一点，如果是亲戚来接送的话会有异样的感觉，心情上会有一点落差。这说明那个时候的林小姐已经产生了父母亲不在自己身边的意识。但是林小姐补充道，那种落差的感觉也没有那么强烈，初中的时候和父母亲关系依旧不是很好，本来父母亲就一直不在自己身边，所以不会产生一种缺失父母亲的感觉。因为更加亲近爷爷奶奶，所以那个时候林小姐会觉得如果是自己爷爷奶奶来接会更好一点。

在留守期间，林小姐家并没有受到过外界的帮助。父母亲外出之前会留一些钱在家中，所以生活条件也不算差，并不需要外界的帮助。

林小姐认为当初的留守经历并没有对自己的性格上产生影响，因为林小姐身边的伙伴也都是留守的，大家都一样，就会觉得父母亲不在身边才是正常的。林小姐说道，他们这些留守儿童以前一直被灌输这样一个概念：父母亲为什么不在身边？是为了你们呀，是为了让你们能够过得更好，所以父母亲在外面会工作得很辛苦。所以他们那一带的留守儿童基本上不会产生父母亲不在自己身边自己会有什么感觉的想法，都觉得父母亲外出工作是正常的，是应该的。

林小姐之前的学习成绩一般，但她认为如果父母亲在身边，自己成绩也不一定会变好。因为林小姐的父母亲受教育程度很低，所以她认为如果父母亲在自己身边最多就是起到一些督促的作用，在实际行动上并不会有什么有效的作用，最多就是和老师进行沟通。

当谈到对现在的影响时，林小姐脱口而出的便是："像我的儿子，我肯定会放在自己身边，因为我就是留守儿童，所以我不会让我儿子也成为留守儿童。"林小姐是一位十分重视孩子教育的母亲，无论是学识上的教育还是心理上的教育，林小姐都十分重视。所以在讨论不得不将孩了留在老家的情况时，林小姐最首要考虑的也是孩子在老家受教育的问题。而且，林小姐十分尊重自己孩子的看法，她说："如果孩子到了高中了，快成年了，那么他自己会有意识，那个时候我会和孩子协商，如果孩子自己认同的，能够接受待在老家的话，我才会选择把孩子送回老家。"

谈及社会方面能够为留守儿童问题作出什么帮助时，林小姐结合自身的经历谈了自己的看法。她说，就杭州而言，现在的政策已经稍有放宽，因为自己是浙江省的户口，所以自己的孩子已经能够比较方便地在本地就读了。这样一来，家长就不用担心自己孩子在外地受教育的问题了，那么会有越来越多的家长选择把孩子带在自己身边。林小姐希望政府能够为学校提供更多政策和经济上的支持，让学校对本地学生和外地学生一视同仁，而不会在政策上作出区分。而在地方社区方便，林小姐认为社区可以给予外来务工人员更加多的便利，把社区自己的事情做好就可以了。

【访谈者补记】

林小姐是一个很有自己想法、十分自信的人，在谈话的过程当中林小姐有时会主导我们的话题继续下去，而且林小姐表述自己观点时思路十分清晰。林小姐对待自己孩子的教育问题十分重视，一方面是因为科学进步社会进步，林小姐接触到了很多科学的育儿方法，另一方面也是出于对自己童年时期接受的教育并不满意的原因。林小姐对自己现在的生活感到满意，但同时也期待着更好的生活。

个案28　被抢走的爸爸

访谈者　刘　缘

小轩，1999 年出生于湖南邵阳。从小轩出生至今父母都在广东务工，小轩长期和爷爷奶奶共同生活，具有长达 18 年的留守经历。小轩具有比较特殊的留守经历，他的父母都是离婚后再婚。现在母亲与小轩失去联系，而父亲在广东重新组建家庭，并生育 1 个女儿。小轩的父亲在广东工作期间，和其他女人发展起恋情。那个女人也就是小轩的后妈，据小轩听家里人讲，是做关于介绍小姐生意的。

母亲回广东务工后，很快发现这一情况。小轩的父亲提出离婚，要和那个女人在一起。然而小轩的母亲以及小轩父亲的家里人都不同意，坚决反对父亲出轨，而且和那种女人混在一起。小轩上小学二年级的时候，父母还是离婚了，父亲也最终和另一个女人结婚。现在父亲和后妈在广东，并且生了一个女孩。而母亲也离婚后重新组建家庭。

在小轩的印象里，父亲身材高大，为人并不严肃，而是比较随和。不过父亲对小轩态度比较冷淡，并不怎么关心小轩。母亲则很温柔耐心，很疼爱小轩。不过从小轩记事起，父母的关系就非常冷淡。他们就算回家在一起，也几乎没有交流。他从小便从奶奶那里知道父母的情况，所以他更喜欢母亲，愿意和母亲在一起。

小轩表示，家里并没有向他正式解释过留守的原因。对他而言，父母在广东工作，就像别人的父母在邵阳工作一样理所当然，只是地点不一样。况且他认识其他同学，知道他们的家长很多也在广东务工。但是奶奶说过，父母在广东为了挣钱，应该是那里的工作有更多收入。至于自己留在邵阳，应该是由于父母当初收入不高，广东的物价又贵，家里负担不起。而且父母打工非常辛苦，没有精力照顾自己。而家里奶奶可以照顾自己，所以就一直在留守。

对于邵阳以及周边许多年轻人而言，尤其文化水平不高的人们，从 20 世纪 90 年代直至今日，前往广东去工厂谋份普通工作都是首要选择，小轩的父母应该就是他们中的一员。微薄的收入不足以使他们在经济发达的广东立足，辛苦的工作又大量消耗他们的精力。他们无法自己为子女的发展提供保障，孩子便交由老家的长辈照顾。

小轩从出生起处于留守阶段，其时母亲在父亲邵阳的老家和奶奶共同照料小轩，父亲留在广东继续务工。1 岁起母亲也回到广东打工，而小轩则留在邵阳老家，和爷爷奶奶继续生活。于是小轩离开父母的留守经历便持续直至今日。

小轩留守期间主要和爷爷奶奶生活，由奶奶负责照顾自己。小轩表示奶奶非常疼爱自己，生活照顾方面无微不至，也经常满足自己的要求，给自己买好吃的好玩的。当然基本的生活习惯养成和小学时期的作业完成，奶奶也会进行监督，并且不准多看电视玩电脑。自己有什么事情，第一时间就会和奶奶讲，她总会很耐心地倾听。相比之下，爷爷更加严厉。虽然他在家里的时间不多，但他每次犯错误，爷爷总会掏出鸡毛掸子打他。而奶奶就算有时生气，会批评自己，但是只要他认错，再说好话哄哄奶奶，老人家就会很高兴，不再过多追究。

姑姑之前和他们住，他们搬房子后，周末会来爷爷奶奶家吃饭。每次姑姑都会责问他为什么不努力学习，整天只知道玩，长大后没出息。而因为小轩比较胖，姑姑还会讲，长这么胖干脆别吃东西了，又胖又丑，以后肯定娶不到老婆。这些话都很伤他的自尊心，让他心里很不舒服。好在奶奶总会在旁边开解，而且总是表扬他，做事情能干说话嘴也甜。姑姑只是说说，也没精力去管，奶奶并不会因为她的话就真的不准自己吃饭，或者整天逼他学习。而上高中后，姑姑也不怎么讲这些话，不给他什么压力，所以现在他和家人相处都比较和睦。

小轩的父亲从他小时候起，就只有每年过年的时候回来十几天。小轩表示，他小时候愿意亲近父亲，但是父亲似乎对他并不怎么热情。虽然奶奶会把自己的表现向他汇报，但他听后没什么过多反应，也不怎么主动过问他在留守时候的情况。小轩表示尽管如此，他还是喜欢自己的父亲，也不会多想。而小轩的母亲也是过年时期和父亲一起回来十几天，母亲对自己很温柔疼爱，那些天就在家陪他照顾他，和他聊天了解情况，让他觉得很温暖。父母每月向家里打一次电话，他能听听他们的声音，也觉得很开心，

但是小轩从小听奶奶和姑姑的谈话，就知道父母关系不好，知道是父亲出轨，而奶奶和姑姑都不同意父亲离婚，在电话里多次责骂父亲。但是小学二年级左右，他们还是离婚了。离婚后母亲在外没有再回家看过他，但是母亲每个学期还是会打两三个电话回来，周末打到姑姑的手机上，然后他可以去接。但是小学六年级左右，姑姑和他讲换手机所以把母亲的电话弄丢了，从此他就和母亲彻底失去联系。后来他听家里人讲，母亲离婚后嫁给其他人，而且要假装自己没有结过婚，所以不能和自己联系。但他觉得，家人肯定还有办法联系母亲，只是不愿意告诉自己，怕自己去找她。

父母离婚后，因为家人都不接纳父亲和后妈，所以父亲很多年都是单独回家过年。但他们还是在2010年以后结婚，并且生下女儿。后妈最初回来过年的时候，对小轩表面还是比较客气。但是小轩知道发生的这些事情，对她很厌恶。而从后妈生下女儿后，她对小轩就彻底不闻不问了。过年他们一家三口回来时其乐融融，而且

父亲对妹妹特别好，经常抱她亲自照顾她，和对自己的态度截然相反。小轩觉得自己就像个局外人。他表示自己恨后妈，就是她破坏自己的家庭，害得自己没了妈妈，爸爸也不关心自己。

小轩表示，他不止一次地想杀了后妈，明明自己什么都没有做错，却被她害得像是个没有爸爸妈妈的孤儿，而她这种恶人却可以和父亲生活，生活得有滋有味。只不过过年的时候爷爷奶奶和姑姑们都在，他也不想惹长辈们生气就不会发作，只安慰自己眼不见心不烦。小轩的父亲和后妈在广东租房居住，因为家庭经济条件不错，所以还请保姆专门在家照顾妹妹，除了妹妹刚出生半年后妈在他和奶奶家里照顾妹妹，他们三人后来就一直在广东生活。而自己除了小学有年暑假去广东玩了一星期，其余时间都在邵阳。小轩表示希望父亲能多回家来陪陪他。他说看到父亲对那个妹妹非常亲热，经常抱她哄她陪他玩。明明都是父亲的孩子，父亲就可以在广东天天陪她，但自己在家里就只有奶奶。

小轩表示，如果面临相同情况，他会选择和孩子一起生活。小轩觉得正因自己这么多年以来没能和父母共同生活，他不想再让自己的孩子遭受自己的经历。他想做一个好父亲，陪在他身边好好照顾他。至于精力时间和经济条件这些现实因素，小轩表示自己并没有过多考虑。既然自己的父亲现在也和妹妹一起生活，那肯定就有解决办法。因此小轩的决策更多地来自于他留守的内心感受，留守时期的不愉快记忆使他选择以自己的方式弥补。而社会阅历的有限使他没有做过多现实因素考量。

个案 29　家的温暖

访谈者　严许梦

【访谈时间】2017 年 7 月 12 日 15 时 40 分

【访谈地点】江苏省无锡市新区梅村镇人力职业介绍所

【访谈对象】栋栋（化名），男，1999 年出生，山西晋城人

【基本信息】

栋栋来自山西省晋城市阳城县，农村出生，农村户口。他的父亲在他8岁时就出去打工，由于学历不高，就在江苏省找中介做一些临时工。父亲大概每半年回家一次，在家休息一个礼拜，过年时会在家待得久些。栋栋的母亲一直在家里照顾他，同时顾及家里的地。栋栋六年级的时候，家里有一个妹妹出生，比他小了11岁，他平时也会帮母亲照顾小妹妹。栋栋现在在读烹饪专科的职业学校，平时会打工挣钱。家里年收入15000元左右(注：栋栋可能对家中的年收入没有准确的概念)，基本靠父亲一个人挣钱养家。

父亲在栋栋8岁时选择外出打工，因为留在家里务农挣的钱实在太少了。当时，村里有一批男人约着一起出去闯闯，栋栋的父亲也心动了，决定一起出去。农村里挣钱的机会不多，在江浙一带的工资可以高出一倍多，所以父亲就去了江苏打工。当时栋栋还不大，但考虑到家里有栋栋妈妈在，栋栋的爷爷奶奶也能帮忙照顾，父亲没多大犹豫就跟着村里的一群男人们一起出去了。

由于栋栋的爸爸出去的时间比较早，栋栋小时候特别想爸爸。栋栋说，爸爸每隔半年回来一个礼拜，每次爸爸快回来时他就兴奋地数着日子倒计时。问及爸爸回来跟平常有什么不同时，栋栋说也没什么特别的，有时候爸爸会带他到街上去逛，但是父子俩从来没有一起出去玩过。不过，不管怎么说，只要爸爸回到家，他就觉得特别高兴，有一种家的温暖。平时，他和爸爸通过电话联系，每个月会打一次电话，想要什么时可以跟爸爸说，等他回家时就会给栋栋带回来。不过栋栋很少向父亲开口要礼物，他知道家里挣钱不容易。现在有了微信，也会偶尔发微信和爸爸聊天，但是爸爸的手机没有多少上网流量，而且他也不怎么懂微信的使用方法，所以直到现在用得最多的还是打电话联系。

村里面会给栋栋家里一些帮助，比如说秋收的时候，家里人手不够，村里会派人来帮他们家干农活，对于这一点，栋栋觉得挺感激的。其他方面，他也没觉得有什么困难，经济方面家里条件不好，也怨不得别人，村里也帮不上忙。他们家收入偏低，但是还不至于到领低保的地步，村里只是会在农活上有一些照顾。

说起父亲外出打工的影响，栋栋沉默了好久才说，“就是一种感觉，没法形容出来”。被要求尽量详细地说一下时，栋栋说：“就是一种家的温暖吧，大家团聚在一起时。”栋栋是想说，父亲在家时他能够体会到家的温暖，而父亲外出时他总觉得家里缺了点什么，有些空落落的。问道他和母亲的关系，栋栋回答还好，而说起和父亲的关系时，栋栋说一直很好，可能他对父亲在情感上更加亲近些。选择来江苏打工，一方面是这里工资高，一方面也是想和父亲在同一个省份打工，尽管出来打工这一年多里，他还没有和父亲碰过面。问道家里就妈妈和妹妹，有没有想过她们怎么办时，栋栋认为，妈妈能照顾好妹妹，父亲也会把家里处理好，不用他担心。

后来问起如果自己有了孩子你会怎样，栋栋今年才刚成年，从来没有谈过恋爱，更不用说想过结婚、生孩子了。在追问下，栋栋说自己会和孩子在一起，看着他成长，因为他觉得家人的陪伴很重要，尤其是能团聚在一起。他认为，父亲外出打工是因为没有办法才做出的无奈之举，如果能待在家里挣钱，父亲一定也不会出去。栋栋觉得自己以后不会像父亲一样面临这样的困境，而能够在老家那里开家外卖店，不用再外出打工了。他希望给自己的孩子一个有父亲陪伴的成长环境。

栋栋认为，村里面最直接的帮助就是给那些真的有困难的家庭低保，经济方面的帮助是这些家庭最最需要的。除此之外，村里多一些关心和照顾也会有一些用。但是孩子情感方面的需求谁也帮不了，总不能让父母不出去打工，只能希望父母多给孩子一些团聚的时间。但是这个需要经济条件允许，除非老家这里发展起来了，不然谁也没办法改变现状。

【访谈后记】

栋栋接受访谈时一直很配合，但是触及一些和父母的情感问题时，都不愿意多说。他自己说长大以后就理解了爸爸外出打工的行为，心里没有闹过别扭，小时候则会特别想爸爸，更深一步的感受，栋栋就不再说了。才刚成年的他，已经有了一年多的工作经历，对赚钱的艰辛早比同龄人有了更深的体会。我提出要请他喝杯饮料时，栋栋谢绝了，表示你们做调查也挺辛苦的。他对自己的处境并没有什么抱怨，而是选择接受它，并且独立地早早挑起生活的担子。

个案30　不着家的父亲

访谈者　张思莹

【访谈对象】

小杨（化名），男，目前就读于吉林大学历史专业，大三，广东省茂名市信宜市茶山镇人，农村户口，家中排行第三。小学在家乡的学校就读，初中在隔壁镇学校就读，高中成绩优秀考入县级市最好的高中进入重点班。

【家庭基本情况】

小杨家中包括他在内有三个兄弟姐妹，一个哥哥，一个姐姐。在他还没有读小学的时候，父母均不在身边，小杨由爷爷奶奶照顾。那时，母亲在外省工作（具体不清楚），父亲在家乡的县城工作。在他五岁时，父亲外遇，父母尝试离婚但未正式离婚，七岁时父母矛盾加深，母亲回家照顾他，父亲在外，工作地点不定。当他读高中时，因为学校是寄宿学校，他又是家中最小的孩子，母亲就再次外出打工，工作地点在惠州的工厂里，父亲则在县城工作，和情人住在一起。

【访谈内容】

小杨告诉笔者，他被留守的原因与其他人不完全相同，比较特殊。根据小杨自己所说的，他家经济条件确实不太好，经济原因是其中一个，小杨是家中最小的孩子，生他时父母年纪已经较大，所以可以推算出，80 年代末 90 年代初，改革开放正盛，外出打工就成了潮流，且又是广东人，外出闯荡的氛围更加浓厚一些。另外，笔者注意到小杨父母感情不和睦，长久地两地分居，而且父亲有外遇所以经常不回家，这又是他被留守的原因，而且据他所说，这才是主要原因。

问及那段时间经历的困难时，小杨认为最困难的是经济方面，虽然父亲外出工作赚钱了，但父亲是不会管他们兄弟姐妹的，不会把钱寄回来，只是母亲打零工赚钱养家。“我记得我小学的时候，有几次学校老师问我要学费，我就回家问我妈要，但我妈也没有，又找不到我爸，爷爷奶奶又不愿意给。”笔者追问：“那么学习上的困难有吗？”小杨觉得爷爷奶奶最关注的还是那些油盐米醋的生活琐事，在学习上虽然会叫他认真学，但也不会管太多。

当回忆起这段经历的时候，小杨神色有些黯淡，认为“爸爸找不到，家里没有钱”这种事情等到他长大，稍微懂事一点之后就觉得自己和别人是不一样的，即使是和别的留守儿童相比也差别很大。

因为家里经济困难，父亲又有外遇不着家，所以姑姑、舅舅等亲戚偶尔会关心过问一下，过年过节物质上会给一点支持。

“当时不知道自己有些怎样的权益，也不懂这些。后来回忆起来，想起那时候我妈在我们村里建了一栋房子，结果被伯伯拿去卖了。当时不是很明白，现在回想起来，应该是爷爷奶奶比较偏袒我爸，伯伯们看不过去，不知道怎么就卖了，其实我也不是很清楚，不过感觉这也算是权益侵害吧。”据笔者了解，在农村地区，这种兄弟间关于土地楼房的争端是很普遍的，尤其是小杨说爷爷奶奶存在偏袒，那么父亲与其兄弟之间的纷争也是不少的。然而，在其中，小杨用了“我妈建的房子”这个说法，在其描述中没有出现父亲，这里有两种可能，一是父亲在这场纷争中没有出现过，只是母亲独自与叔伯争吵；二是小杨自身对父亲的反感与排斥让他自觉地把父亲排除在外，因为后来小杨也有讲到自己是讨厌父亲的。

小杨认为当时并没有太大的感觉，因为是男孩子，所以更加独立一点。不过笔者在整理材料时发现，小杨在小学时问家里要学费的场景给他留下了一些阴影，他当时就开始觉得自己和别人是有区别的。

父亲的外遇使小杨兄弟姐妹三人成为与普通的留守儿童不一样的留守儿童。父亲的经历让他有些顾虑，“有时候回想家里的情况，会在找对象的时候害怕，后来大哥的婚姻也不是特别好，这应该算是阴影”。此外，小杨认为自己性格内敛，朋友很少，很少和其他人交流的性格也是与留守这段经历相关的，因为小时候爸爸常年不在家，妈妈要工作养家，哥哥姐姐长大了去县城寄宿中学读书，与爷爷奶奶交流也很少，逐渐就形成了比较孤僻的性格。

在问及将来如果有了自己的孩子时，小杨说道：“尽量会带在身边，因为自己有经历过留守，所以了解个中艰辛，肯定是希望能够避免的。而且，作为父亲，我是希望能够和后代有感情的，如果是经济问题的话是可以克服的。留守不是一件好事来的。”能看出，小杨在童年的这段留守经历对他来说产生了很大的负面影响，而父亲出轨外遇抛下家庭这件事似乎对他影响更大。

小杨觉得最应该做些事情的是政府，最有责任且有能力去做。他认为政府如果有了解到留守儿童，应该去了解他的家庭状况，因为儿童缺乏自主，可能会经历一些很无助的事情，而外界不知道——首先的是要去了解，必须要注意他们的情况，因为在农村类似情况还是有很多的。而对于学校，小杨则认为，学校是接受教育的最重要的地方，老师也不太了解情况，不能够要求太多。小杨自身在留守期间并没有接受过社会上一些公益慈善组织的帮助，所以不太了解，所以他觉得社会各界应该只能够提供一些经济资助，虽然很少，但应该也是有好处的

【访谈后记】

在访谈的几个对象中，按照访谈者对于留守经历的主观态度大

致可分为两种：一种认为无所谓，另一种则是自我感觉留守对其造成了伤害。本次访谈对象属于第二种。小杨性格内向，不善言辞，独来独往且对未来家庭组建有着恐惧感，在他自己看来多多少少是与这段留守经历相关的。但他又表示，相比于留守这段经历，缺少一个完整的家庭或许对他造成的创伤更大，这种创伤是伴随着留守给他带来的孤独而存在的。因此，笔者认为，在留守过程中留守儿童的经历往往是各种事件相互影响的，不能够单独抽离出哪些属于留守造成的影响，哪些是另外一些事件造成的，就比如本次访谈对象小杨一样，很难分清他的内敛性格以及对婚姻的恐惧是留守经历造成的负面影响，还是父母不和睦的婚姻状况造成的。因此在分析有留守经历的成年人时应该考虑这种情况。

个案31　我的归属和守护

访谈者　方蓉蓉

【访谈时间】2017年7月1日13时

【访谈地点】浙江省杭州市西湖区金成花园小区

【访谈对象】温州来杭读大学和工作的阳阳哥哥

【访谈背景】

访谈对象家庭有四口人。此外，访谈者与其祖母的关系最为密切。

父亲现年49岁，现在是一个普通的个体户。作为一个曾经在外打拼的温州人，他北至内蒙古，南至云南，经历了在外大浪淘沙地做生意的几年，现在的他向往的更多的是平静而本分的生活，他常常在家附近的寺庙和道馆里感悟佛道之本，对儿子们的关心则显得有些不足。

母亲现年45岁，主要的生活是工作日在家附近的小厂或者店面里上班，周末和节假日则跟随着老娘舅旅行团在外放飞自我，拍下好看的旅行照发朋友圈。这个曾经为家付出了半生青春的女人现在的生活不再只围着儿子和丈夫，开始寻找自身的快乐与幸福。

他们的长子阳阳现年 24 岁，目前大学毕业两年在杭州一家 IT 公司任职。自小不在父母身边成长的他在祖母的抚育下成了全家中最接地气最踏实的存在，目前拿着一份可观的薪水在杭城奋力打拼，是这个城市里大部分年轻人的缩影。由于长期与父母和弟弟不在一起生活，阳阳哥哥每周都会打电话的对象是抚育其成长的祖母，无形的隔阂始终树立在这个家庭之中。

次子小强现年 23 岁。只比阳阳哥哥小一岁的他自小在父母身边长大，读完职高后继续待在温州，从事过开淘宝网店、加油站加油和去小公司当文员等各种工作却始终不太稳定，和阳阳的关系更近乎于朋友之间的来往。

【访谈过程】

通过一个游戏，我认识了阳阳哥哥，前期通过 QQ 和微信知道了他从小是与祖母生活在一起的，才知道这个聊起天来幽默而阳光的大男孩曾经也有过留守经历。在经过他的同意后，我们约了周末在他居住的小区进行一次访谈。

到达他住的小区后，我发现这是一个比较老的杭城小区，而他租住的房间是属于和别人合租的状态，这是现在在杭城打拼的年轻人中比较常见的居住模式。房间虽小，但是阳阳哥哥自豪地告诉我，这样带独卫和阳台的房间在他看来已然性价比十足。初见他便觉得这是一个看似内向而实则又很幽默外向的人，用他的话说便是十分慢热。他招呼我在桌子一旁坐定，招呼我吃糖吃水果，本次访谈便在轻松而愉快的氛围中缓缓展开。

【访谈内容】

阳阳哥哥说，自己是温州乐清人，那个地方被很多人妖魔化，却是他内心温暖和眷恋的故乡。也许是巧合，自己在大学里遇到的四个室友中三个都是温州老乡，在如今工作的地方也遇到了三四位温州同事，因此在杭州读大学的四年和工作的两年他也没有感觉到自己作为温州人有什么不同。然而说完这些，他还是笑嘻嘻地调侃道："虽然我承认温州话的确是魔鬼之语。"从这些话里，我感受到他作为一个温州人对自己家乡的确有深深的自豪感和归属感，这也许便是一种乡思吧。

说起自己的家人，阳阳哥哥则是十分平淡地开始提及。父亲在他心里是生意失败和人生失败的代表，有一段时间，阳阳哥哥甚至厌弃过父亲，现在的关系则趋于缓和。作为爷爷的小儿子，曾经家境殷实的父亲挥霍了绝大部分财产后最终归于平静，留给两个儿子的东西所剩无几，而阳阳哥哥对于这些只是淡淡地戏谑一笑——"那些钱都是爷爷留给他的，我可以靠我自己"。

对于母亲，阳阳哥哥的眼神则柔软了许多。关于母亲现在的改变，他表示很能理解：在父亲最挥霍无度的那些年，是母亲的勤劳和耐心不断地支撑着这个四口之家，现在的母亲终于不用再承受生活的压力，因此放飞自我也是她自己的选择，他很支持。母亲最令阳阳哥哥感动的是高中时期的照顾和陪伴，即使从小不在一起生活，在他最需要关心的高考之际，母亲也确确实实照料了他的生活。在说起母亲在高三时的陪伴和照顾的时候，阳阳哥哥的语气都带有感激和满足之情，也许这是他前二十余年的人生中与母亲最亲密的时刻了。

说到比自己小一岁的弟弟小强，阳阳哥哥则如同谈论一个朋友一般。也许是年龄只差了一岁零五个月，也许是因为小时候长期分隔两地——即使在温州老家也不住在一起，他和弟弟的关系显得十分微妙，不像普通人家的兄弟姐妹般亲密无间，又不似关系紧张的样子。年龄差距小加之两人从小到大不一样的成长境遇，使这两个孩子之间也有了无形距离。

说完自家的四口人，阳阳哥哥便迫不及待地提到了自己的祖母。此时的他眉眼舒展，笑容也一点点地漾开来，激动地说着祖母是他从小到大最亲的人。自己出生后没几个月，母亲便有了弟弟，尚在襁褓中的阳阳哥哥便被祖母接到自家中照顾，自此便开始了在祖母身边成长的生活。童年的记忆都是与祖母有关的，不管是夏日祖母为了解夏天的暑热逼自己喝下去的浓浓的凉茶还是晚上睡觉不老实时祖母在身上重重地一拧养成了他现在良好的睡眠习惯，这些成长的轨迹都是和祖母有关的。初中之前，父母去各地做生意总带着弟弟，他被养在祖母家留守，童年的父母踪影一年也只出现几次。初中之后，父母回到温州乐清，然而家里却没有阳阳哥哥的房间——"房子太小，我不愿意跟我弟弟挤一张床"，他是这么解释自己即使和父母在一个城市还要继续过着留守的生活的。即使到如今长大了，工作了，他回温州老家后还是住在祖母家里，那个生活着父母和弟弟的房子对他来说只是回去看一看的地方，没有他的住处。

访谈到这里，我的惊讶已经溢于言表，我从未想过还有这样的留守情况，即便在一个城市也无法和自己的父母兄弟生活在一起。此时，阳阳哥哥似乎看出了我的讶异，他温和地笑笑说，自己早已习惯和祖母在一起的生活，祖母除了在生活上节俭成性令他有些不自在之外，给他的爱和关怀已经超越了其他所有人。父母和弟弟在他生命的前二十余年因为各种原因缺席了太多场合，但他获得了祖母毫无保留的爱，被老人带大的他性格明媚，从小到大好人缘，他的归属便在这片他热爱的故乡和祖母家。自从前几年爷爷去世，祖母的生活越发孤独了，他常常陷入沉思：是否应该放弃在杭州打拼的念头，回归老人身边陪伴其终老？阳阳哥哥深情地回忆，在日常的电话里，祖母总是以温柔的话语告诉他不用，不用，然而老人思念孙儿的心思又哪里瞒得住？他一边面对着越来越高的杭城生活成本，一边牵挂着祖母和温州的朋友们，在挣扎和纠结中不断成长，只为守护那些给过他温暖的人和事。

【访谈者补记】

访谈的最后，我建议阳阳哥哥当即给祖母打个电话，他才恍然大悟这星期的电话还未打。看着眼前这个已经成年很久了的大男孩在祖母面前表现出来的调皮和可爱，我觉得又好笑又感动。我不知道他一开始留守的时候是否会夜里想父母想得睡不着，在他还是幼儿的时候是否会看着要离去的父母和弟弟依依不舍，会不会对父母不照顾自己而照顾弟弟心有芥蒂，但是看到他在祖母的电话面前流露出来的善良和满足，我想他的归属之本和守护之人便是电话那端的那位慈祥的老人。

然而，我又在担心，现在二胎开放的同时，会不会也有很多孩子会被放养在老一辈人的手中，他们的心境是否能和本次被访谈者一样豁达开朗，抑或是会心生怨怼，内心充满了对父母家庭的不理解。不是每个留守在祖母家的孩子都能成长得这般善良阳光，我逐渐担心起那些孩子，同时也渐觉研究人类学的必要性和重要性，帮助我们发现和解决更多的问题。

个案32　谁夺走我的理想

访谈者　顾欣科

刘某某来自湖南，成年之前一直在家里长大，12 岁父母外出，14 岁回来，16 岁父亲出去，17 岁父母双双出去打工，几乎没有见过父母。现在母亲回到了湖南老家，父亲在浙江丽水当机修工。一家人很难见面。

18 岁成年后出门打工，先去了广东，然后去了浙江，三年后再去了广东，待了一年后去了福建，一年后又去了广西，广西待了半年后回到浙江。从那以后就一直在浙江打工。现在青山鸿雁电器工作，是一名电焊工。他早上 7 点出门，加班的话晚上 8 点回来，不加班是下午 5 点到家。

年幼时，家里弄了一辆卡车。父亲在卡车的大厢上搭了一个绿色布棚，再往棚子里头塞了几个凳子方便坐人。就这样，父亲开始了拉人赚钱的生意。但是好景不长，生意上出了问题，亏了本，前前后后欠上了大约十多万元的债务。

而后，大约在被访者 12 岁的时候，他的父母决定到外地做生意赚钱。目的地选在了云南，而具体卖什么被访者自己也不清楚。债台高筑，时间不等人，决策作得十分匆忙，家里没有花什么时间讨论便作出了决策。

被访者 12 岁时，父母外出谋生，直到 14 岁时才回来，期间没有回过家。两年后，16 岁时父亲再次外出，打工赚钱。17 岁时，母亲追随父亲也离开了老家。大体上讲，被访者不认为留守经历给自己带来了什么变化。而笔者在检查问卷的时候发现被访者的学历不高（职高肄业）且对自己上学时的成绩评价极低，于是推测问道："您觉得父母不在身边是否影响了学业？"

被访者笑着承认说，的确父母在家的时候会多管着他一些，而爷爷奶奶因为每天都要干繁重的农活，就基本不会有经历去管他学习方面的事情。但是他又说："唉，但不想读书的人再管也没有用的。我也不能去怪谁。"

当被问及留守时家里经济上是否困难时，被访者犹豫了片刻，然后说自己觉得经济上的问题不大，温饱可以保证，而且能花钱的地方也不多。

被访者认为自己没有获得过什么来自外界的帮助，而至于有没有受到过侵害的问题，被访者的回答十分有趣也同时非常无奈——他说，当时就算受到了侵害，他和爷爷奶奶也不知道自己是不是吃亏了。他还举例说，比如就算县政府给乡里划的钱被村长吞了，那他们小老百姓也是根本不知道有这回事情的。

如前文所述，被访者认为留守经历对于他来说影响不大。如果一定要说的话，那么他认为可能离开父母的生活让他变得更加独立了一些——爷爷奶奶基本不管他。而这可能影响到他的工作选择，因为他告诉我，他在初中还没读完的时候就辍学打工去了。文化水平上的硬伤让他在的人生路上选择的范围非常狭窄。虽然换过了十几次工作，但基本上全部都是体力劳动。

当问及自己有了孩子会怎么做时，被访者的回答是让孩子和妈妈住在一起。因为要考虑到他一般打工会去较为发达的地区，而在那些地方一般开支也比较大。所以让孩子和妻子留在生活成本较低的城市或农村会是比较理性的选择，况且流动的生活也对孩子的成长不利。

被访者跟现在的配偶是经工友介绍认识的。在相遇一年后，即2016年2月结婚，现在的孩子诞生于当年6月。令我颇为惊讶的一点是，问卷上有一栏是问被访者是否有恋爱经历。他填的是否。可能在他看来，奉子成婚的行为并不能算是恋爱吧。不过就他自己说，他觉得现在和妻子的关系还是非常融洽的。虽然我从侧面了解到，他前几天刚刚跟妻子吵得不可开交。

由于很早就辍学了，加上工作性质的关系，他常年不用接触文字，于是乎在写字的时候显得很害羞。他的妻子当时也在附近转悠，看到他之后问他在干什么，他说“在学文化”。

总体来说，被访者的身上透露出一副颓唐之气。在填答问卷的时候似乎很难集中注意力，经常填错或者填漏。比如说在回答是否相信自己能达成自己的理想这一个问题的时候。他呢喃了一句：“呵呵，我他妈有什么理想。”但是他也同时对自己的工作很不满意，的确，月薪4000元的工作很难让一家三口都过上体面的生活。他不善言辞，好像很难表达自己的需要，也很难表示拒绝。三个多小时的问卷填答和访谈的最后，笔者提出想给他转一些辛苦钱，他嘟哝了几句便离开了。

个案33　我还有一个家

访谈者　顾欣科

杨某某是浙江永嘉人，青少年时读到初二下半学期后辍学，开始工作。当时父母都基本在外打工，很少在家里。打工期间好几次有跟家里人提出要继续读书。但父亲一直不赞成。为此，被访者甚至自己攒钱汇给父亲，以期通过这样的方式感动父亲使父亲同意让自己去继续读书。后来，父亲终于同意，然而由于老师的疏忽让他错过了考试报名时间。于是学又没有上成。

继续工作了一段时间后，被访者报名参加了成人高考，并成功考上了在杭州临安的浙江农林大学。在上学的同时，他也在外面找了一些工作。现在处于半工半读的状态。

被访者干过各种各样的工作，从流水线工人、汽修工、服务员、保安、售楼经理……丰富的工作经历让他在很大程度上看透了许多社会的现象。而且他说，一开始换工作可能是因为工资低或者工作环境不满意，而后来，更多地是为了体验生活和人生。

在2005年，9岁的时候他的父母外出务工。家里当时欠了一些债务，但基本都不用还的，外出主要还是因为家里穷。出去之前家里是务农的。具体说，父亲去过四川后来又去了别的地方，母亲起初就在当地的县城永嘉县，之后随父亲去了远方。被访者称当时和父母几乎没有交流，于是乎父母的决策过程也就不可知了。

被访者在9岁之前和父母以及爷爷奶奶生活在家乡永嘉县。之后父母相继外出谋生。跟母亲的联系较多，跟父亲没啥交流。家里电费交不起，夏天很热，冬天很冷。每天自己做饭吃，有盐和酱油，没有味精，每天都吃清水面加酱油。过了半个小时之后会吐出来。这种情况持续了好几个月。奶奶对他的照顾也很不到位，原因是当时他二伯的孩子想寄住在奶奶家被拒绝了，而奶奶为了所谓"一碗水端平"……

另外，被访者曾经有一段时间寄住在大姨家中。而在那段日子里，他受尽了奚落和不公。他告诉我说有一件事情他印象很深刻：当时大姨家还有自己的孩子也住在家里，某日大姨给他们哥俩一人做了一碗鸡蛋面，大姨孩子的碗里有厚厚的一层煎鸡蛋，而他的碗里却盛着的是清汤面。被访者说起这件事情的时候止不住地摇头，那种"有苦说不出"的无奈溢于言表……"其实就是想赶我走吧。"

至于帮助，被访者认为自己彻底感受到社会的冷酷，几乎没有人诚心帮过他。他也说当时不会去想什么权益侵害，认为很多事情都是理所应当的——没有地位就容易被欺负。

由于父母不在场加上奶奶疏于看护和管教，被访者表示这一段留守经历给他带来很多负面影响。叛逆和童真的缺失、和同龄人对比产生自卑以及生理上的结巴，导致他一度十分抑郁。他与父亲的关系非常不合，甚至想断绝父子关系。原因很多，其中之一是幼年时期父亲家暴情节很重，时常会殴打其母亲，而母亲又拿他以及他的姐姐和弟弟撒气。以至于后来父母生病住院，被访者听说了之后，说了一句“关我什么事情”。不过被访者认为自己已走出了童年的阴霾，对此他说“如果一个人永远生活在以前，那么他将一事无成”。

而令他和他父亲关系发生巨大改变的原因乃是姐姐的心理疾病：姐姐和他一样从小留守，不过还是凭借自己的能力考上了南昌的某个高校读书。不过缺爱的童年让她极其缺乏安全感并且渴望得到认可。

“姐姐跟别人攀比嘛，觉得自己胖。就去买减肥茶喝……拼命喝……喝到后来内分泌失调，得了厌食症……然后心理就崩溃了，关到精神病医院里面……”住进精神病医院后，被访者和他的父亲去探望病入膏肓的姐姐。“她的大腿当时只有这么粗啊！”被访者两只手举起来，用大拇指和食指围了一个圆，“她就抱着我说不要走、不要走……”

病房里，一个女人抱着两个男人，三个人哭得天昏地暗。“不过我后来想，她需要的不仅仅是我这个人唉……她其实需要的是钱。”被访者解释说，当时的医药费很贵，家里难以承受。可能你会问为何不去报销呢？被访者说他们那个小地方，父亲不想让别人知道自己的女儿是精神病，怕别人看不起他，更怕以后嫁不到好人家……于是乎，所有的医疗费都是自家凑钱付的。就是这件事，让被访者彻底改变了对父亲的看法。

“家……”被访者口中突然蹦出这个字。他沉吟片刻后打开手机屏幕朝着我：“我这个手机密码六位数的，每按一下我都会心里默念一个字：我、还、有、一、个、家。”“咔”的一声，从解锁界面跳到了手机主界面。他盯着手机屏，大拇指在上面划来划去，喉咙里似乎有什么东西卡住了，说不出话来。后来眼睛湿润泛红。他吸了一口气，把脸转向一边，摊开手掌蒙住双眼……唉，是不想让别人看到自己落泪，还是自己有点不想看这个荒谬的世界呢？

留守的经历在短期内让被访者彻底对家庭失望了，但是如果长期地看，他似乎又比任何人都渴望一个美满的家庭。

当问及自己有孩子该怎么办时，被访者说如果自己和妻子一起出去工作的话，他将会选择让孩子待在老家让父母抚养。原因在于，按照现状来看自己很可能需要到处去跑，而孩子由于要上学是非得长时间待在一个地方不可的。如果要转校的话，对孩子的学习和交际都是不利的。

被访者认为直接帮助孩子在实际上用处不大。因为孩子真正缺少的是来自父母的关爱。而如何让父母有可能去多陪伴孩子呢？必须要有钱也有时间，即给父母安排本地的工作。

被访者曾在 18 岁时谈过一次恋爱。当时他在温州市的一家餐厅做服务生，认识了另一位同在当服务生的女孩。由于每天有很长时间在一起工作，加上平时闲聊较多，慢慢就走近了。女孩大他 3 岁，也就是 21 岁。而有一天晚上，女生打电话给他说她家里人给她安排了相亲，是一个当地的中学教师，三十多岁，还有一套房子。被访者当时就“反省”了一下自己：“我没房子没车子，而且等到能结婚的年龄还有好几年，加上自己以后可能还要读书，短时间内不可能赚大钱……我当时就觉得我是不是在耽误她。”

后来，他们俩就分开了。之后他还去找过她，但是已经回不到从前了。

这是笔者聊得最久最透的一个。被访者的人生有太多的故事，而这些故事也告诉我了许多，人生有无限种可能。他在访谈进行一半的时候告诉我他为何愿意无偿地来帮助我完成这一暑期调研的任务。他说道：“我的目的有二。第一是我从来没有跟任何人说过这些话，太想找个人倾诉了。第二是我想通过你，希望你以及你的老师能够让别人知道父母对于一个孩子的影响有多大。说实在的，如果我父母当时没有去外面打工，我的人生不会是现在这样的。”

他认为自己是一个彻头彻尾的失败者，但却学会了如何面对惨淡的人生。去年他和朋友一起创办了一个互联网租车服务公司，但后来他选择了退出。理由是他觉得跟不上他朋友的思路，有点拖累公司。而现在，那个他早早退出的公司生意蒸蒸日上，据他说朋友的年收入已经到了接近一百万元的水平。“我到现在还是没赚什么钱。一路上吃了很多亏，主要是自己的眼界问题。”他叹息着说。

当我访谈将近结束的时候问起他将来有什么打算，他的回答很实在，说：“先把自己家撑起来吧。姐姐的病还要治，弟弟快高考了，家里很需要钱。”

对了，他说他过几天就要去西藏了，是和驴友一起徒步和搭车走川藏线过去。但愿沿途的悠悠白云和巍峨高山能让他暂时放下一切吧。

参考文献

[1] Cooper, W. W., & Yue, P. (2008). Challenges of the Muslim World: Present, Future and Past. Elsevier.

[2] Daniel E. Hanks III, & Mary Lou Liprie. (1993). South African Migration and the Effects on the Family. Marriage & Family Review, 19 (1), 175 – 192.

[3] Deumert, A., Marginson, S., & Nyland, C. (2004). The Social and Economic Security of International Students in Australia: Study of 202 Student Cases Summary Report. Higher Education Research Data Collection Publications, 1 – 8.

[4] Gattai, F. B., & Musatti, T. (1999). Grandmothers' Involvement in Grandchildren's Care: Attitudes, Feelings, and Emotions. Family Relations, 48 (1), 35 – 42.

[5] Hatzichristou, C., & Hopf, D. (1995). School Adaptation of Greek Children after Remigrationage Differences in Multiple Domains. Journal of Cross-Cultural Psychology, 26 (26), 505 – 522.

[6] Hout, M., & Goldstein, J. R. (1994). How 4.5 Million Irish Immigrants became 40 Million Irish Americans: Demographic and Subjective Aspects of the Ethnic Composition of White Americans. American Sociological Review, 59 (1), 64 – 82.

[7] Kelley, P. (1996). Family-centered Practice with Stepfamilies. Families in Society the Journal of Contemporary Human Services, 77 (9), 535 – 544.

[8] Lee, A. S. (1974). Return Migration in the United States. International Migration Review, 8 (2), 283 – 300.

[9] Lee, O. (1980). Urban-to-rural Return Migration in Korea. Seoul Korea Republic of Seoul National University Press, 2, 71 – 77.

[10] Li, Y. (2010). New Type of Urban-rural Interface: Role of Agricultural Cooperatives for Urban-rural Interaction in China. ERSA Conference Papers. European Regional Science Association.

[11] Motomura, A. R. (2012). The American Jury: Can Noncitizens still Be Excluded? . Social Science Electronic Publishing, 64 (6), 1503 – 1550.

[12] Nektaria Palaiologou. (2007). School Adjustment Difficulties of Immigrant Children in Greece Intercultural Education, 18 (2), 99 – 110.

[13] Nogueras, J. A., & Prewittdiaz, J. O. (1980). The Remigration of the Puertorican Student as a Factor in School Adjustment. Adjustment, 12.

[14] Orrenius, P. M. (1999). Return Migration from Mexico: Theory and Evidence. International Symposium on Physical Design.

[15] Preece, A. A. (2000). The Impact of the Law of Inheritance on the Family. 7th Australian Institute of Family Studies Conference. Australian Institute of Family Studies.

[16] Reyes, B. I. (1997). Dynamics of Immigration: Return Migration to Western Mexico. San Francisco California Public Policy Institute of California Jan, 32 (4), 1074 – 1076.

[17] Serow WJ. (1978). Return Migration of the Elderly in the USA: 1955 – 1960 and 1965 – 1970. Journal of Gerontology, 33 (2), 288 – 95.

[18] Shek, & Daniel, T. L. (2005). A Review of the

Qualitative Evaluation Studies in Social Work (1990 - 2003): Implications for Social Work in China. Society.

[19] Smetana, J. G. (1995). Parenting Styles and Conceptions of Parental Authority during Adolescence. Child Development, 66 (2), 299.

[20] Sun, P. C. (2010). Survey of Home-returning Migrant Children Learning in the Primary School of Donghai County. Journal of Huaihai Institute of Technology.

[21] Suzuki, M. (1995). Success Story? Japanese Immigrant Economic Achievement and Return Migration, 1920 - 1930. Journal of Economic History, 55 (4), 889 - 901.

[22] Thomas, G., Farrell, M. P., & Barnes, G. M. (1996). The Effects of Single-mother Families and Nonresident Fathers on Delinquency and Substance Abuse in Black and White Adolescents. Journal of Marriage & Family, 58 (4), 884 - 894.

[23] Vanderkamp, J. (1972). Wage Adjustment, Productivity and Price Change Expectations. Review of Economic Studies, 39 (1), 61 - 72.

[24] Vanderkamp, J. (2010). Return Migration: Its Significance and Behavior. Economic Inquiry, 10 (4), 460 - 465.

[25] Vuorenkoski, L., Kuure, O., Moilanen, I., Penninkilampi, V., & Myhrman, A. (2000). Bilingualism, School Achievement, and Mental Wellbeing: A Follow-up Study of Return Migrant Children. Journal of Child Psychology & Psychiatry, 41 (2), 261.

[26] WA Lewis (1954). Economic Development with Unlimited Supplies of Labour. The Manchester School, 22 (2)

[27] Wilson, P. (1994). Closing the Door on Illegal Immigration. World & I.

[28] Woon, Y. F. (1993). Book Reviews. Pacific Affairs.

[29] Xu, B., & Watada, J. (2008). Identification of Regional Urbanization Gap: Evidence of China. Journal of Modelling in Management, 3 (1), 7 – 25.

[30] 艾新. (2009). 应妥善安排返乡农民工子女就读. 致富天地 (5), 9.

[31] 曾凡林, 昝飞. (2001). 家庭寄养和孤残儿童的社会适应能力发展. 心理科学, 24 (5), 580 – 582.

[32] 陈立民, 张霞, 夏荣. (2011). 青少年亲子关系与攻击性行为的关系研究. 心理与行为研究, 9 (3), 231 – 235.

[33] 戴世登. (2009). 学龄期亲子冲突的原因与对策. 科教文汇 (15), 94 – 95.

[34] 段成荣, 吕利丹, 王宗萍. (2013). 留守儿童的就学和学业成绩——基于教育机会和教育结果的双重视角. 青年研究 (3), 50 – 60.

[35] 段成荣, 吕利丹, 王宗萍, 郭静. (2013). 我国流动儿童生存和发展: 问题与对策——基于2010年第六次全国人口普查数据的分析. 南方人口, 28 (4), 44 – 55, 80.

[36] 段成荣, 吕利丹, 邹湘江. (2013). 当前我国流动人口面临的主要问题和对策——基于2010年第六次全国人口普查数据的分析. 人口研究, 37 (2), 17 – 24.

[37] 段成荣, 杨舸 (2008). 我国流动儿童最新状况——基于2005年全国1%人口抽样调查数据的分析. 人口学刊 (6).

[38] 方巍. (2008). 农民工社会排斥的制度内与制度外分析——杭州市的个案研究. 学海 (2), 31 – 41.

[39] 符明弘, 李鹏. (2002). 中小学生亲子关系现状及教育建议. 云南师范大学学报 (对外汉语教学与研究版), 3 (2), 91 – 95.

[40] 国家人口计生委流动人口服务管理司．(2009)．提前返乡流动人口调查报告．人口研究，33 (2)，1–3.

[41] 何晶，白旭，HEJing，& BAIXu. (2006)．本溪市区初中生家庭亲子关系现状调查与分析．辽宁科技学院学报，8 (4)，84–86.

[42] 侯佳伟．(2009)．人口流动家庭化过程和个体影响因素研究．人口研究，33 (1)，55–61.

[43] 胡心怡，刘霞，申继亮，范兴华．(2007)．生活压力事件、应对方式对留守儿童心理健康的影响．中国临床心理学杂志 (5)，502–503，501.

[44] 黄美玲．(2009)．对国家关于返乡农民工子女入学政策的几点思考．青年科学 (7).

[45] 黄时华，蔡枫霞，刘佩玲，张卫，龚文进．(2015)．初中生亲子关系和学校适应：情绪调节自我效能感的中介作用．中国临床心理学杂志，23 (1).

[46] 梁宏，任焰．(2010)．流动，还是留守？——农民工子女流动与否的决定因素分析．人口研究，34 (2)，57–65.

[47] 刘芳．(2007)．论行政管理中公民参与的制度化建设．辽宁行政学院学报，9 (6)，15–16.

[48] 刘长城，宫秀丽，魏晓娟．(2013)．青少年双向社会化模式与亲子关系研究．青年研究 (3)，27–39.

[49] 刘振聪．(2016)．独生子女家庭亲子关系研究综述．中小学心理健康教育 (11)，4–7.

[50] 刘志军．(2008)．留守儿童的定义检讨与规模估算．广西民族大学学报 (哲学社会科学版)，30 (3)，49–55.

[51] 刘志军．(2008b)．留守儿童：基于一个村落的人类学研究．中南民族大学学报 (人文社会科学版) (3)，51–56.

[52] 吕利丹，王宗萍，段成荣．(2013)．流动人口家庭化过程中子女随迁的阻碍因素分析——以重庆市为例．人口与经济 (5)，33–40.

[53] 吕学静，陈蕊．(2007)．农民工就业与就业促进问题实证研究——以北京市为例．人口与经济 (4)，38－41.

[54] 孟育群，李强．(2001)．建设少年儿童良好亲子关系的要素．教育科学，17 (3)，59－61.

[55] 全国妇联儿童工作部．(2011)．农村留守流动儿童状况调查报告.

[56] 石宏伟，孙静．(2015)．新生代农民工随迁子女义务教育公平问题的制度研究．江苏大学学报 (社会科学版)，17 (3)，61－65.

[57] 田录梅，张丽军，裴丹莹．(2008)．留守儿童与非留守儿童学习、生活及心理成长状况的比较研究．中国特殊教育 (2)，8－11.

[58] 王丹阳．(2008)．公办学校中流动儿童学校适应性现状调查报告．青年学报 (4)，52－55.

[59] 王美萍，张坤，张文新，& AndrewJ. Fuligni. (2001)．青少年家庭义务感的研究．心理发展与教育，17 (3)，28－32.

[60] 王培刚．(2007)．进城农民工家庭中文化反哺的基本内容和社会成因．中国青年研究 (3)，46－49.

[61] 王恕成．(2007)．初中生亲子关系特点及其发展趋势的调查报告．宁波教育学院学报，9 (1)，66－69.

[62] 王小鲁．(2010)．中国城市化路径与城市规模的经济学分析．经济研究 (10)，20－32.

[63] 王欣．(2015)．农村核心家庭的现代适应与权变，12月29日．华南农业大学学报 (社会科学版).

[64] 王艳波，吴新林．(2003)．农村“留守孩”现象个案调查报告．青年探索 (4)，7－10.

[65] 王毅杰，刘海健．(2008)．家庭背景与流动儿童的留城意愿——一项基于家庭教育内容的实证研究．南方人口，23 (4)，38－44.

[66] 王玥.（2016）. 家庭社会经济地位对青少年主观幸福感的影响——家庭教育支持的中介作用. 教育科学研究（9），52－58.

[67] 威廉·J. 古德.（1986）. 家庭，魏章玲译，北京：社会科学文献出版社.

[68] 吴霓，张宁娟，李楠.（2010）. 农民工随迁子女教育的五大趋势及对策. 当代教育科学（7），11－15.

[69] 项光勤.（2003）. 再婚家庭的亲子关系问题初探. 学海（6），167－169.

[70] 肖雪，刘丽莎，徐良苑，李燕芳.（2017）. 父母冲突、亲子关系与青少年抑郁的关系：独生与非独生的调节作用. 心理发展与教育，33（4），468－476.

[71] 谢建社，牛喜霞，谢宇.（2011）. 流动农民工随迁子女教育问题研究——以珠三角城镇地区为例. 中国人口科学（1），92－100.

[72] 许传新，张登国.（2010）. 流动还是留守：家长的选择及其影响因素. 中国青年研究（10），52－55.

[73] 杨舸，段成荣，王宗萍.（2011）. 流动还是留守：流动人口子女随迁的选择性及其影响因素分析. 中国农业大学学报（社会科学版），28（3），85－96.

[74] 杨菊华（2015）. 人口流动与居住分离：经济理性抑或制度制约？. 人口学刊，37（1）.

[75] 杨菊华，陈传波（2013）. 流动人口家庭化的现状与特点：流动过程特征分析. 人口与发展，19（3）.

[76] 杨莲清.（1998）. 特区中小学生亲子关系及其对心理健康的影响作用. 心理发展与教育，V14（2），17－20.

[77] 杨娜.（2010）. 社会排斥与农民工子女的教育公平. 法学杂志（s1），68－71.

[78] 杨盼盼，周颖，刘俊升.（2016）. 父母心理控制与亲子关系质量的关系：儿童获益解释的调节作用. 中国临床心理学杂志，24（5），909－912.

［79］殷江滨，李郇（2012）. 中国人口流动与城镇化进程的回顾与展望. 城市问题（12）.

［80］于学军（2005）. 中国流动人口的特征、需求和公共政策思考. 开放导报（6）.

［81］郁琴芳.（2006）. 网络时代亲子文化冲突初探. 上海教育科研（10），73－75.

［82］张坤.（2006）. 青少年期亲子关系的特点及其与传统孝道态度的关系. 青少年学刊（4），36－39.

［83］张亮.（2017）. 留守经历与农村儿童学业终止研究——基于中国家庭追踪调查的经验分析. 青年探索（4），74－82.

［84］张学浪.（2016）. 新时期农村留守儿童家庭教育纽带构建：现实困境与破局之策. 农村经济（6），124－129.

［85］赵玉菡，孙良媛，田璞玉.（2017）. 农村留守儿童学校教育问题研究——基于与非留守儿童的比照. 农村经济（8），115－121.

［86］郑路鸿.（2015）. 互联网使用对城市家庭亲子关系质量的影响——来自湖南长沙的调查. 湖南社会科学（3），100－104.

［87］中央教育科学研究所教育发展研究部课题组，吴霓.（2007）. 进城务工就业农民子女接受义务教育的政策措施研究. 教育研究（4），49－55.

［88］周晓虹.（2003）. 文化反哺——当代中国亲子关系的新模式. 家庭教育（1），8.

［89］朱俊卿.（2004）. 农村亲子关系模式及特点研究. 心理科学，27（5），1212－1213.

［90］朱科蓉，李春景，周淑琴.（2002）. 农村“留守子女”学习状况分析与建议. 教育科学，18（4），21－24.

［91］朱力.（2002）. 中国民工潮. 福州：福建人民出版社.

［92］朱晓斌.（2003）. 流动人口子女义务教育政策的价值分析. 教育评论（2），16－19.

后 记

本书是在多次调查所得资料的基础上写成的，主要包括2006年在江西省赣州市南康区所做的留守儿童调查，2010年在全国19个省、市、自治区26个城市所做的流动人口家庭调查，2015年在湖南省武冈市所做的返乡农民工调查，2017年在全国13个地区所做的有留守经历者调查等。

这些调查分别获得了浙江大学贝因美亲子文化研究中心、教育部留学回国人员科研启动基金、教育部人文社会科学研究青年基金、全国教育科学规划课题青年专项、浙江大学学科交叉预研专项、浙江大学一流骨干基础学科建设计划的资助。这些资助项目中的部分系统性成果已在其他地方公开发表，但依然有大量的访谈资料和数据，因为琐碎或冗长，未能通过正式的学术刊物见之于众。俗话说，敝帚自珍，我们认为这些材料依然具有一定的价值，尤其对于流动人口家庭而言，或具有一定的参考意义，因此，在兜兜转转之后，依然希望能整理出版。

对于从事学术研究的同行而言，本书不免拙于学术史的梳理和理论方面的建树，也难以跟前人的相关学术成果形成有效的对话。但对于普罗大众尤其是流动人口家庭而言，本书还是具有一定的可读性，尤其是我们原生态地奉上了大篇幅的个案访谈资料，这些访谈个案，是一个个流动人口家庭的鲜活现实的近景写照，其中蕴含的酸甜苦辣、人生况味、纷繁世事以及复杂沧桑的心路历程、让人悄然动容的生活点滴或小确幸，都可能从某一点上触动他们柔软的心灵。假如有人因此而获得一些体悟，甚而因此对于改善其家庭的亲子关系有所帮助，则我们写作和出版本书所付出的辛劳，也就有所回报了。

人，作为个体，是卑微而弱小的，只有在家庭、群体和社会中，我们通过守望相助，才会变得高大而坚强。家庭，就是为美好社会这一九层之台不断累土的最基本单元，这一基本单元的状况如何，直接影响到了群体、社会以至全人类的精神面貌。同时，家庭又是在具体的群落生态、社会环境中产生和发展的，其生存状态如何，又受到已然形成并在不断发展演变中的群落及社会环境的影响。这就形成了一个循环，社会的美好取决于家庭的状况，而家庭发展得如何又取决于社会给予了什么样的生存环境和生存条件。在社会业已形成并由政府强力规制的场域中，家庭尤其是一些边缘家庭就处于相对的弱势和被动地位，需要政府和社会给予关注和支持。本书聚焦于流动人口家庭，重点关注流动对亲子关系造成的冲击，也兼及因这种流动而带给子代的种种困扰，其目的就是希望将这些家庭所遭遇的问题呈现给社会各界，引起大家的关注和思考，并冀望于政府和社会采取相应的支持性行动，为流动人口家庭中的儿童获得更好的成长环境创造良好的社会条件。

书稿写作所用的调查材料，来源于教育部、浙江大学、贝因美集团等资助的一些研究项目，特对这些机构给予的慷慨资助表示感谢！这些调查，获得了众多来自浙江大学、西安交通大学、南京农业大学、浙江传媒学院、广西民族大学及其他一些高校的本科生和研究生的大力协助，这里也有必要一一列出他们的名字，以表达感谢之情。

2010 年暑假的流动人口家庭调查，有陈倩倩、陈旖婧、邓晨笛、韩永亮、黄子墨、文宏成、张磊、钟宇、朱蕾、翟其彦、王洵、李颜琳、乌丽雅苏、虎啸林、王玉荣、胡智涛、孙婷婷、刘晓宇、邹雪平、阿曼古丽、刘虹杰、陈亦菲、蒋飚霏、吕家俊、屠浩、俞洁丽等26位同学参与其中。2017年暑假，朱湉湉、徐蕾蕾、朱俊峰、张子钰、孔亚飞、侯邵杰、孙必聪、张吟秋、唐怡芬、罗梅君、吴赛男、陈思诺、李文榕、吴琦榆、管玉琳、李玉姣、覃益良、程天星、孙悦等19位同学参与了面向农村流动人口的问卷调查与个案访谈；此外汤萧羽、严许梦、张思莹、顾欣科、陈思诺、刘缘、李文榕、赵子沁、张奕、许亦颖、刘韵、周一倩、邵晓波、陈文汉、周慧豪、李雅田、张浩伟、曲晨、田畅、苏晓丹等20位同学参加了有留守经历的80后成年人的个案访谈。

上述同学通过实地调查，获得了翔实的第一手资料，整理了丰富多彩的个案故事。虽然由于篇幅限制，书中只摘录了部分同学写作的个案，但其余同学在个案中所呈现的流动人口家庭的种种样态，也以各种形式融入到了本书的行文当中，为本书的写作提供了不可或缺的素材或启示。对于这些同学给予的热情帮助和贡献的精彩纷呈的社会写真，我们表示由衷感激！

最后，感谢知识产权出版社的好友李学军编辑。当初，考虑到本书侧重材料呈现而缺乏学术分析，我们一直犹豫是否将其付梓，但李学军编辑在了解了本书的大致内容和框架后，即力邀我们修改出版。如果没有他的鼓励和支持，恐怕这些散落的珍珠就会永沉箱底了。可以说，是他直接促成了本书的整理和出版，对此，我们理应表示衷心的感谢！

书稿的雏形，是递交给浙江大学贝因美亲子文化研究中心的项目报告，本已搁置多年，徐蕾蕾同学知悉后，不辞辛劳地加入了本书的写作工作，将前后跨越11年的各个项目的调查资料进行了汇总、概括与分析，终于形成现在的样貌。虽然由于学识的限制和时间的约束，书稿中还有很多稚嫩舛误之处，但我们愿意先呈现出来，供大家批评指正，冀有抛砖引玉之效。

本书文付之际，时值2018年农历小年，就以此书，献给为本书付出过辛勤劳动的各位同学、好友以及那些接受过我们调查和访谈的流动人口家庭吧。祝福他们都有一个幸福的家！祝福所有流动人口家庭中的孩子都能在融洽亲密的亲子关系中茁壮成长！

刘志军

二〇一八年二月八日

于浙江大学启真湖畔